中 華 文 明 傳 真 | Chinese
Civilization
In A New Light

5

魏晉南北朝
分裂動蕩的年代

劉　煒 ●————————— 主編
羅宗真 ●————————— 著

商務印書館

《中華文明傳真》徵集有關文物考古資料和照片時，得到以下單位的大力支
持和協助，在此鳴謝。

中國文物學會
中國文物交流中心
中國社會科學院考古研究所
中國歷史博物館
全國各省、自治區博物館
全國各省、自治區文物考古研究所

本卷照片提供： 郭　羣　　樊申炎　　張　羽　　李　凡　　王保平
　　　　　　　張寶璽　　孔　羣　等
　　　　　　　《中國地域文化大系》之《東北文化》、
　　　　　　　《草原文化》、《吳越文化》、《河隴文化》，
　　　　　　　《敦煌石窟全集》之《佛教東傳故事畫卷》、
　　　　　　　《民俗畫卷》、《舞蹈畫卷》、《本生因緣故事畫卷》、
　　　　　　　《報恩經畫卷》等。
　　　　　　　商務印書館（香港）有限公司等

中華文明傳真 5

魏晉南北朝 —— 分裂動蕩的年代

出　版　人 …… 陳萬雄
總　策　劃 …… 張倩儀
主　　　編 …… 劉　煒
作　　　者 …… 羅宗真
責 任 編 輯 …… 李德儀
封 面 設 計 …… 日本國株式會社見聞社（坂本公司 Sakamoto Koji）
版 式 設 計 …… 楊啟業
插　　　圖 …… 邵　滿
電腦復原圖 …… 梁竹君
出　　　版 …… 商務印書館（香港）有限公司
　　　　　　　香港筲箕灣耀興道 3 號東滙廣場 8 樓
　　　　　　　http://www.commercialpress.com.hk
印　　　刷 …… 中華商務彩色印刷有限公司
　　　　　　　香港新界大埔汀麗路 36 號中華商務印刷大廈
版　　　次 …… 2001 年 12 月第 1 版
　　　　　　　2002 年 7 月第 4 次印刷
　　　　　　　© 2001 商務印書館（香港）有限公司
　　　　　　　ISBN 962 07 5312 7
　　　　　　　Printed in Hong Kong

看見歷史、感受歷史、思考歷史

　　《中華文明傳真》是一套開創性的叢書，它將中國歷史從帝王將相、改朝換代的框架中釋放出來，用文獻和考古學結合的方法，以最新的考古成果全方位、新視角、多層面、新觀念去重新闡釋。將歷史發展過程中最關鍵的觀念，物質文明最重要的細節，用現代的手法展現出來，因而從內容到形式，皆獨具特色、富有新意。中國的歷史從未被如此剖析過。

　　中國是一個幅員遼闊的多民族國家，為了將它五千年的歷史重新演繹，我們組織了一批深諳文獻和考古學的專家，費五年之功編寫，期間反覆修改，力求保證叢書的學術水準。歷史的發展與當時的環境、物質條件、文明程度息息相關，展示和闡明這種種聯繫，對於認識歷史發展的多樣性、複雜性，是十分必要的，但卻是以往未曾被重視的。為此，我們在全國各地博物館和文物考古所的大力支持下，選取了數千幅照片，其中包括珍貴的航拍和衛星照片，重現古代的都城、山川形勢等，使讀者可以感受到當時人們的物質生活環境。各地博物館和文物考古研究所還專門為本書拍攝最新考古現場和出土文物照片。至於一些已經湮沒無法拍攝的遺迹，則以三維電腦圖或插圖復原本來的面貌。利用最新的考古研究的成果彌補文獻記錄的空白，突破以往歷史書以文字敘述為主的舊模式，透過精練簡白的文章、多元的視像元素，讓中國歷史立體地呈現出來。中國的歷史從未被如此展示過。

　　歷史作為人類既往行進、發展的記錄，原本就是多元多面、錯綜複雜的。本叢書為了適應快節奏的時代步伐，力求在有限的篇幅中增強信息量，避免沉悶氣氛，文字以精練簡白見長，讓事實說話，讓實物作證，主題突出，特色鮮明，取今人之獨有，補前人之空缺。使讀者以新視角、新層面看見歷史，感受歷史，思考歷史。

劉煒

二〇〇一年六月

目錄

目錄

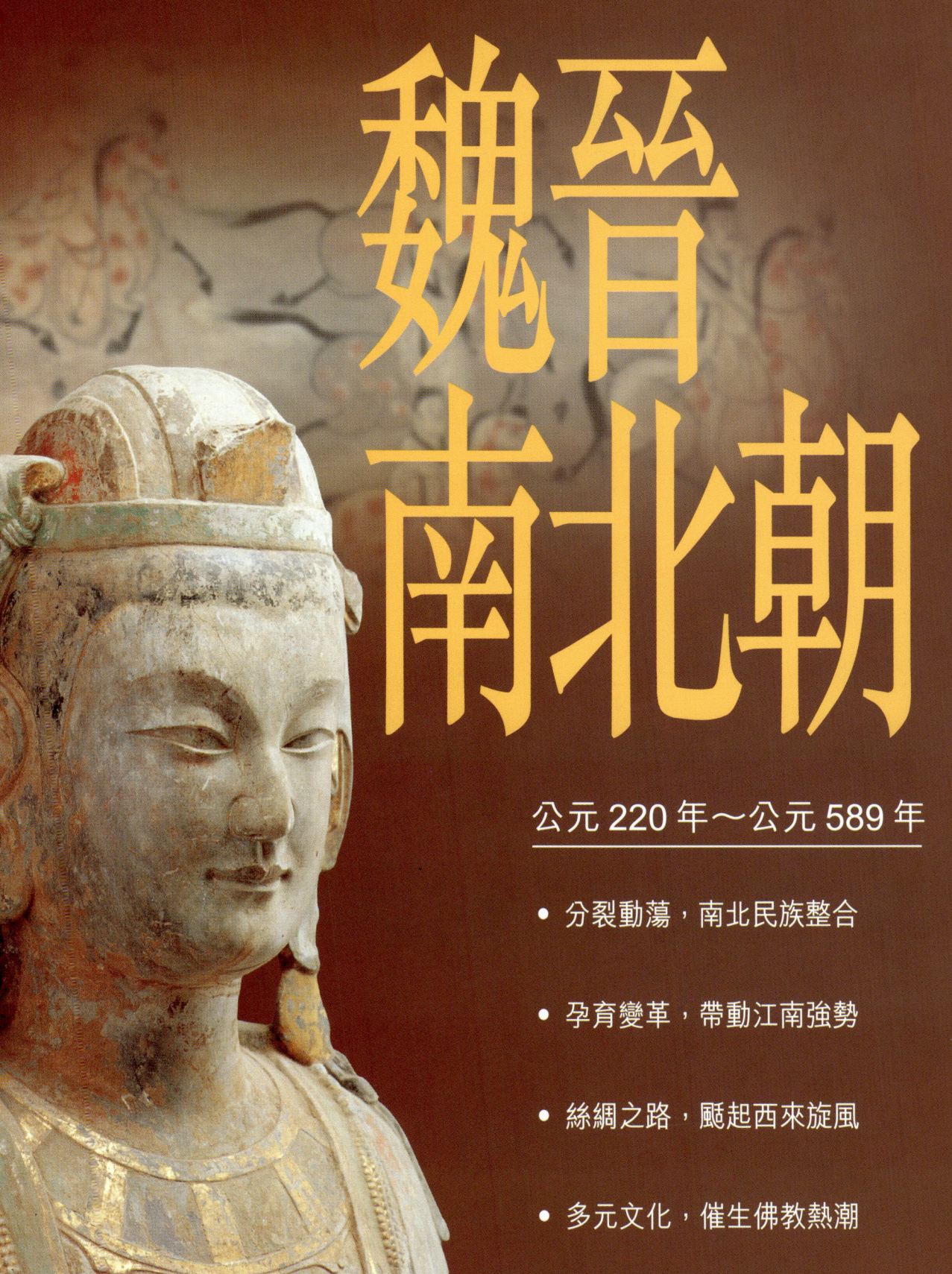

魏晉南北朝

公元 220 年～公元 589 年

- 分裂動蕩，南北民族整合

- 孕育變革，帶動江南強勢

- 絲綢之路，颳起西來旋風

- 多元文化，催生佛教熱潮

社會大動蕩中的變革

① 南北對峙的政局

魏晉南北朝時代不到四百年，但它是中國歷史上秦漢和隋唐這兩個極盛之世中間的重要變革時期。它是繼春秋戰國之後，第二次社會劇烈變動所帶來的結果，其變動雖然由中原內部禍亂引起，結果卻造成南北民族大融合，西方文化大量輸入，中原文化大量南漸，為隋唐盛世注入新血液，打下新基礎。

北方破壞與門閥勢力興起

大變局的序幕由漢朝末年的軍閥混戰揭開。在戰亂環境中，一向是政治、經濟、文化中心的黃河流域遭到嚴重破壞，中原戶口十不存一。流民大多依附於地方鄉里的有勢力者，變成這些豪強世族的佃客和部曲*。地方勢力紛紛建立塢堡自守，莊園內自給自足，這種生產方式使自然經濟佔了主導地位。這些地方上的大勢力，在軍事上割據自保，其中自漢末以來世代官宦的世家大族，成為地方著姓，獲得貴族一樣的尊貴身分。門閥制度的興起和衰亡左右了這幾百年的世局，影響深遠。而北方連年爭戰破壞，中原人口大量南遷，導致經濟重心開始向長江流域轉移。

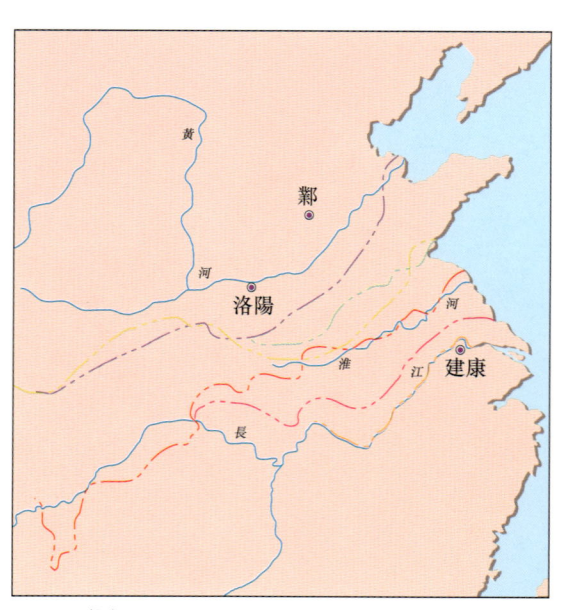

分裂時代的南北分界線
西晉以來，少數民族逐漸強大，紛紛在北方建國，遷居南方的中原漢族，主要利用淮河或長江天險自守，雙方形成對峙局面。

民族南遷的浪潮

兩漢以至魏晉南北朝時代，中原地區除漢族外，西、北邊境及南方的少數民族族別和人口都明顯增長，主要的少數民族有匈奴、鮮卑、羯、氐、羌等，人口達到八百多萬。到了三國西晉時代，他們大部分進入中原地區，結果西北諸郡，都變成外族居住的地方，關中一百多萬人口，漢族不足一半。西、北方的少數民族習慣騎射，勇武善戰，當中原王朝衰落時，他們紛紛建國，並大肆征戰迫使中原漢族大量南遷，以淮河或長江為界自守。因此，在魏晉南北朝三百七十年中，政治上出現近三百二十年的南北對峙局面，戰爭頻繁，人口大規模流動，社會動蕩不安。各民族之間的交往，亦間接促進了邊遠地區和南方地區的發展，為以後隋唐立國準備了條件。當時社會生活雖然黑暗痛苦，然而，在文化上絕不是一無成就的黑暗時代。

駱駝形鈕

晉歸義氐王金印

"歸義"是歸順的意思。這是西晉朝廷頒給歸順於晉室的氐族部落首領的印信。

親晉胡王銅印印文

"胡"是漢族對北方少數民族的稱呼。

晉鮮卑歸義侯金印印文

歸義侯是西晉王朝賜給鮮卑族首領的封號。

晉歸義羌侯金印印文

羌和氐族是今甘肅、青海地區較大的少數民族。

戟和盾

兵帳

主將

營壘磚畫

這幅甘肅出土的戍邊屯營圖，反映了北方地區戰亂頻繁，各地軍閥割據自守的形象。

用以偵察瞭望的角樓

塢堡復原圖

北方兵戈擾攘之際，地方貴族未能南遷的，都築塢堡自保。他們的結聚形式，或以宗黨、或以婚姻、或以佃戶為核心，關係極為密切。塢堡宗族有自己的政治、經濟與家族主義，形成地方上強大的勢力。這是三國時代的塢堡模型，反映了在軍閥混戰下，地方貴族築塢自守的情況。

*佃客和部曲： 聚居在莊園中依附於莊園主的農民稱"佃客"，武裝起來的佃客就是"部曲"。部曲需接受軍事訓練，戰時參戰，戰爭結束後則與其他佃客一起從事生產。

小辭典

社會大動盪中的變革

② 軍事對抗的局勢

這個由漢族王朝衰敗、少數民族政權逐鹿中原而引發的大動盪時代，除了引起民族大遷徙外，南北分裂以及頻繁戰爭是另一個顯著的現象。分裂國家之間不斷發生戰爭，其中北方的五胡十六國戰況固然激烈，南、北王朝之間的攻伐更是對時局有關鍵性影響，任何一方成功都可能使中國重歸統一。在這個政局混亂、戰爭頻仍的時代，政權更替有如走馬換將，人民流徙於途，生命朝不保夕。

北方是戰亂的主體

在魏晉南北朝三百多年間，大大小小的戰爭無數，戰爭的規模龐大。受摧殘最烈的是北方，因為北方是正統漢族政權爭奪的重要戰場，又是胡族入據中原的大前方。由漢末割據地方的軍閥混戰，到五胡十六國混戰，到北朝幾次政變易主，北方政局穩定的時間很短。南方戰亂較少，相對穩定，只是應付北方的統一戰爭，以及規模較小的北伐戰爭。從人口、經濟實力的懸殊，整體的偏安心態，南方都未能發動大規模北伐，而且戰場不在本土，對民生及經濟的殘害相對較小。

北方企圖吞併南方的重大戰役

三國至南北朝期間，南北雙方都企圖吞併對方，先後出現多次戰爭。在北強南弱的形勢下，南方雖然較為被動，但最後都能以少勝多，擊退北方的千軍萬馬。

赤壁之戰是北方為統一南方而發動的首場大戰，是漢族之間爭奪正統政權之戰，由已統一北方的曹操發動，在長江中游的赤壁決戰，結果曹操水軍全軍覆沒。赤壁之戰後確立了南北分裂、天下三分的形勢。

淝水之戰是另一場北方企圖統一南方的大規模戰爭，佔有大部分北方的胡族企圖吞併退守南方的東晉。公元383年，前秦君主符堅親率大軍南下。最後，前秦軍在淝水大敗。淝水之戰是胡漢之間的戰爭，又是以少勝多的著名戰例，前秦以鮮卑、羌、氐等族組成聯軍，人馬雖多，但意志不一，結果大敗。戰後，前秦國內各民族紛紛獨立建國，國家體制瓦解，北方再陷分裂。

淝水之戰（公元383年）雙方軍力比較

90萬（北方）前秦　8萬（南方）東晉

騎兵由北向南發展

魏晉時代，騎兵出現由北向南發展的趨勢。北方地域遼闊，產馬量多，所以騎兵最先興起。南方雖然不適宜騎兵作戰，但為了應付較大的攻守範圍，也沒有忽視騎兵的建設，並且有獨立編隊，協同步兵作戰。

騎兵的裝備也出現由輕裝到重裝的演變。秦漢時代，流行裝備輕巧、機動靈活、適合運動戰的輕裝騎兵。魏晉時代，騎兵和戰馬都配上防護力強的重型鎧甲，騎

赤壁之戰（公元208年）雙方軍力比較

20萬（北方）曹操　5萬（南方）孫權與劉備

黃河　洛陽　官渡　五丈原　淮水　壽陽　建業　長江　荊州　赤壁

● 都城　■ 城市　✕ 戰場

淮河、長江流域的重大戰爭地點

兵還戴頭盔，配備馬刀。這種重裝騎兵，裝備笨重，行動緩慢，適合以單騎短兵格鬥。值得注意的是，這時的騎兵已經使用馬鐙，騎士兩腳有了着力點，有利於馬上格鬥，戰鬥力得到提高。

水軍的發展

東晉以來的南方政權，據有長江中、下游地區，由於地理形勢，在發展步、騎兵的同時，更側重發展水軍。南方與北方的多次大戰，都是以水軍為主力的，其中如劉裕幾次北上破燕、破齊和滅後秦之戰，就是典型例子。

披有重型鎧甲的戰馬

重裝甲馬畫像磚

這是一件在河南鄧州市出土的畫像磚，可證明當時南朝已受北方影響，建立起防禦力強的騎兵隊伍。罩上重裝鎧甲的戰馬雖可得到全面的保護，但因為負荷太重，戰馬速度因而降低，也削弱了騎兵的衝殺力。

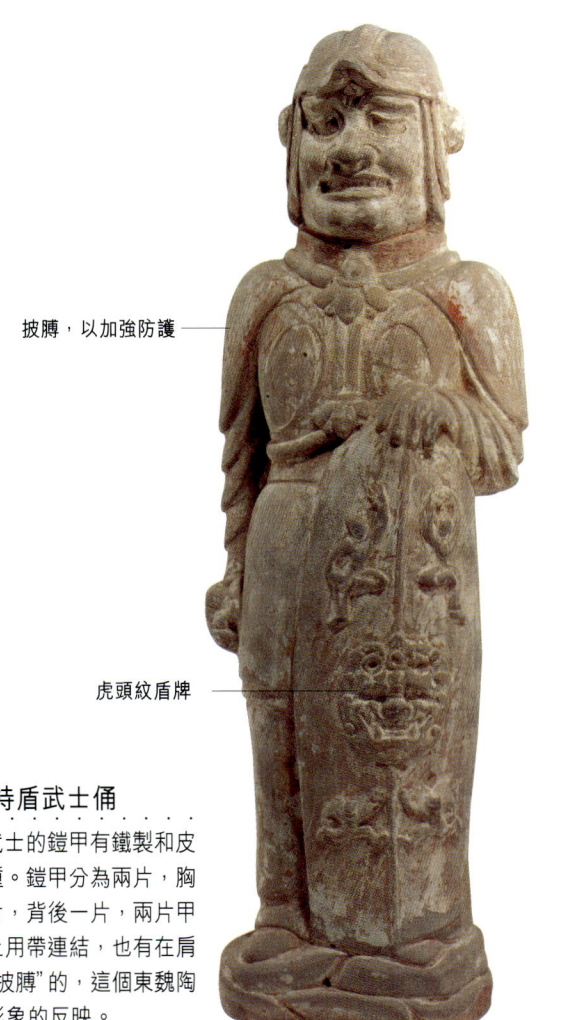

披膊，以加強防護

虎頭紋盾牌

北方持盾武士俑

北方武士的鎧甲有鐵製和皮製兩種。鎧甲分為兩片，胸前一片，背後一片，兩片甲在肩上用帶連結，也有在肩上加"披膊"的，這個東魏陶俑是形象的反映。

右衽短衣

寬闊的下身衣服

南方持盾武士俑

南方的武士裝備與北方不同，由於騎兵力量比較薄弱，鎧甲只是身分最高的騎兵裝備，一般的武士沒有鎧甲。而這個東晉武士的軍服與北方士兵的窄袖長袍也有明顯分別。

③ 鐵騎的興起與戰術演變

魏晉南北朝時代，門閥士族的勢力迅速擴展，世家大族自組部曲家兵，武備精良。在莊園經濟及軍閥割據的局勢下，自漢朝形成的軍事體制發生變化，各國改行中軍和外軍制度。進入中原的外族也接受了中原的體制，並組建以騎兵為核心的軍事武裝，最突出的是騎兵和戰馬都披帶鎧甲。中原豪族仿效組織的騎兵隊伍，被編入國家軍隊，在戰場上發揮了無可替代的決定性作用。

中軍和外軍制度的演變

中軍和外軍制度，由曹魏時期開始實行，西晉和東晉等王朝亦一直沿用。中軍即駐守京師地區的軍隊，由中央直接管轄和調遣，兵士由數萬至二十萬不等，各國不同。中軍再分為宿衛軍和牙門軍，宿衛軍屯駐京師以守衛宮室，牙門軍屯駐京城郊外，是機動部隊。外軍是屯駐各地的軍隊，兵力多者達五萬人，少者不過萬人。各地軍隊由中央委派的都督統帥統領，但因當時地方勢力強盛，都督擁有比較獨立的指揮權。而內遷的少數民族政權，如匈奴、鮮卑也沿用這種中軍外軍的制度。

由於連綿的戰爭，使魏晉各國的疆域變化極大，這種根據行政疆域來劃分中軍、外軍的軍事制度，界限越來越模糊。所以後來中軍逐漸演變為由本民族的精兵組成，有的全部是騎兵，由皇帝親自統帥作戰；外軍則由被征服的外族軍隊組成，統帥由中央委派或是外族降將。不同地域的兵種也各有不同，北方是騎兵和步兵，南方則由騎兵、步兵和水軍組成。

四騎士與指揮官
敦煌的西魏壁畫顯示，戰馬除眼、鼻和四足外，全身都得到鎧甲的保護。

配備重甲、戴頭盔的西魏騎兵

弓箭手

防護力與衝擊力兼備的鐵騎

騎兵在魏晉南北朝的發展銳不可擋，在戰場上已成為主力兵種。"鐵騎"更成為騎兵中的精銳部隊，其特點是騎手和戰馬都身披甲冑，保護嚴密，故又稱"重裝甲騎兵"。鐵騎兵的編制在各國大致相同。鎧甲主要分兩種，以皮革製或銅鐵製，騎兵和戰馬的鎧甲一般在質料及顏色上需要配套。鐵騎兵的優勢除了有嚴密的防護裝備，他們又以快速的進攻增強衝擊力。鐵騎對沒有鎧甲的騎兵來說，已構成極大的威脅，步兵更是無法與之對抗。秦漢時期威力巨大的遠程弓箭，對鐵騎兵所造成的殺傷力已大大減弱了。

鐵騎兵的戰術運用

鐵騎兵在大規模的戰爭中最見成效，作戰時採橫列隊，以密集的隊形攻擊敵軍陣營，亂其軍陣。一旦與敵軍正面交鋒，隊形立即分散，單騎作戰，最終以白刃格鬥分勝負。鐵騎兵的戰鬥方法和策略，可歸納為正面突擊、側翼攻擊、截擊、伏擊以及各個擊破。披上鎧甲的戰馬負擔過重，故此也有限制，一是靈活性不及輕騎兵，隊形不易變換，更不能以縱隊進行攻擊，需採取橫隊衝擊，才能發揮威力；二是不能負擔大縱深、長距離的行軍跋涉，戰事宜速戰速決，最多一二天便要結束。後來，騎兵越來越講究快速機動的性能，防護裝置也有了進一步改進，使南北朝興盛一時的重裝鎧甲，在隋唐逐漸消失。

前後兩片皮甲用帶子連結，套在肩部，稱兩襠甲

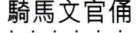

騎馬文官俑

從服飾來看，這應是文官陶俑。由於戰爭頻繁，文官也配備戰馬和保護身體的鎧甲。但文官的鎧甲屬於輕型，馬也沒有披甲。

鐵騎兵

持盾步兵

重裝甲馬作戰圖

此圖表現了北方戰爭的場面，再現了重裝甲馬和步兵作戰的特徵。

雙層甲冑騎馬俑

社會大動蕩中的變革
④ 振奮軍威的軍樂隊

南北朝時期由於騎兵大軍團作戰，召集和指揮軍隊都主要依靠軍樂。各國的軍隊也很重視樂隊在振奮軍威方面的作用，組建以演奏軍樂為主的特殊隊伍，稱為"軍樂隊"。軍樂隊所用的樂器主要包括兩大類：一類是打擊樂器，有鼓、鐃等；另一類是吹奏樂器，有簫、笳等。

橫吹畫像磚

號角原為騎兵鼓吹的軍樂器，主要是指揮軍隊行進方向，增強軍隊的士氣，衝鋒時也鼓吹號角。這幅南朝的步卒鼓吹畫像磚反映了胡角不僅由騎兵鼓吹，也有步卒配合，使號角的聲音更宏亮，從中也可了解到南朝以騎兵與步兵配合作戰的特徵。

由軍樂變儀仗的鼓吹

鼓吹是打擊樂器和吹奏樂器並用的一種組合演奏。魏晉時，鼓吹樂隊常用的樂器有鼓、鐃、簫、笳；後來，樂器組合發生變化，鐃逐漸在樂隊中消失，到魏晉末，軍樂中的敲擊樂器只剩下鼓了。鼓吹樂隊的人數不固定，大致維持在七至十六人之間。到南北朝晚期，鼓吹樂隊地位顯赫，其性質也發生了變化，不僅設於軍隊之中，更成為皇權的象徵和社會等級的標誌。陳宣帝於太建六年(公元574年)曾對鼓吹制度重新提出明確的規定，按身分階級訂立出行軍隊中的鼓吹樂隊人數：護衛皇帝的鼓吹樂隊最龐大，有十六人；皇后的樂隊有十三人；皇太子的樂隊有十二人；王室貴族、官員大臣逐級遞減。

北方特色濃厚的號角

南北朝時，北方地區軍隊的另一類主要樂器是鼓和號角。號角原是西北地區的古代遊牧民族所用，以動物的角製成。據《宋書·樂志》記載，號角源於羌胡，故又稱"胡角"。胡人與漢人戰鬥時，吹響號角可以驚嚇漢人戰馬。

隨着時間的發展，鼓吹樂隊逐漸演變成宣揚威儀的鹵簿*的組成部分，而號角則一直於軍樂，擁有它的都是與軍事有關的將領。尤其在北朝，鮮卑

舉鞞振搖，配合擊鼓節奏 ⸻ 繫幡的胡角

黃釉騎馬奏樂俑

等級	樂手分佈	總數
皇帝	簫13人、笳2人、鼓1人	16
皇后	簫11人、笳1人、鼓1人	13
皇太子	簫10人、笳1人、鼓1人	12

魏晉末年的儀仗樂隊規定
由陳宣帝訂立的鼓吹儀仗制度，只用簫、笳、鼓，鐃已不再使用了。

族的騎兵部隊中，使用的軍樂主要是號角。隨着南、北方之間文化的交流和民族的逐漸融合，號角在南方同樣盛行起來，除了騎馬的樂隊外，也有徒步吹奏的樂隊。到了隋朝，號角與鼓吹一樣，正式進入朝廷宮室，成為統治者宣揚威儀的工具。此外，當時在軍樂演奏中還有"橫吹"。

渾厚粗獷的軍樂曲辭

鼓吹和號角除用於樂器演奏外，還配上曲辭歌唱，許多曲辭就是採錄自當時流行的民歌而來。北朝時期，伴隨縱橫馳騁的少數民族鐵騎，以號角演奏的樂曲顯示出渾厚粗獷的風格，其曲辭也有不少豪放質樸的佳作，如《企喻歌》、《琅琊王歌》、《紫騮馬》、《折楊柳》等。這些曲辭在中國古代詩歌史上佔有重要地位，唐朝許多著名的詩人就從此取得靈感，寫出了傳頌千古的篇章。

騎馬號角俑

長而彎的胡角

紅色風帽

板鼓

闊袖短衫

寬腿褲，胯部束寬帶

彩繪擊鼓陶俑

軍樂隊中的圓鼓有兩種：一是橫懸鼓架的建鼓；另為體積較小的板鼓，可以掛在腰間敲擊。圖中的樂俑裝束是典型鮮卑式的。

*鹵簿：古代帝王起駕時扈從中儀仗隊的名稱。出行之目的不同，儀式亦有別。漢朝以後亦用於后妃、太子、王公大臣。唐朝規定四品以上的官員皆給鹵簿。

小辭典

社會大動蕩中的變革
⑤ 北方少數民族逐鹿中原

鳳鳥形金步搖冠飾
這是步搖上的飾件,甚具原始質感。

因為天災、戰爭和政治原因,匈奴、鮮卑、羯、氐、羌等統稱"五胡"的少數民族,不斷入居中原邊郡,日漸漢化,這一歷史趨勢,自漢肇始,到魏晉南北朝時代進一步發展。時中原內亂,"五胡"紛紛在北方建國稱王。他們先後建立的國家概稱為十六國。由此,中國歷史進入了急劇而漫長的胡漢民族融合過程。

"五胡"的族屬與分佈

當時主要的少數民族,匈奴原居於今蒙古草原,被漢朝打敗後,南匈奴降附,南遷進入今山西等地;鮮卑及烏桓居於今內蒙古東部,鮮卑趁匈奴退出蒙古草原,佔有其地,分枝很多,東部鮮卑和西部鮮卑各有發展,後來統一北方、建立北魏的拓跋鮮卑屬於西部鮮卑;氐、羌居於黃河中上游以及今雲南一帶,羌族是長期生活在黃河中上游及河西地方的古老民族,氐族可能和西南夷有關。"五胡"中的羯族的族源不太清楚,據研究,羯為匈奴別部,有可能是昭武九姓中的康國,居於今山西一帶。由於時代變化及遷徙移動,"五胡"的血統問題十分複雜。戰亂使漢人遷徙到邊疆一帶,和少數民族雜居,但大趨勢是少數民族因中原內亂,不斷南下,到中原定居。

"五胡"的漢化程度

胡族內遷並不是魏晉南北朝才開始,有些遷到中原已有相當時間。胡族的上層往往有較高的漢文化修養,能誦讀經書,愛好漢詩文。氐族因長期與漢

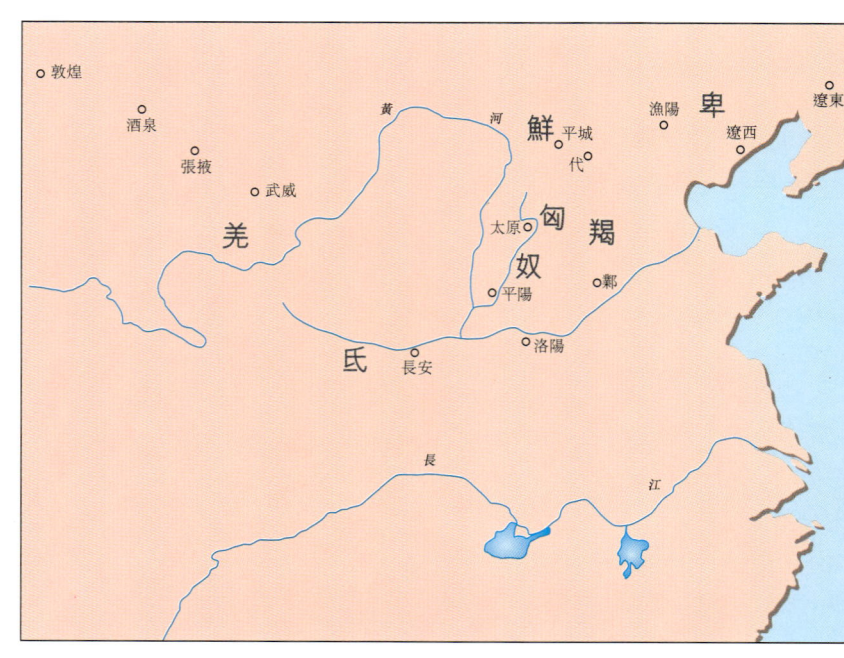

"五胡"內遷後的分佈
匈奴進入今山西汾水流域。東部的烏桓、鮮卑,從東北的遼河流域,一直發展到河西走廊。甘、青、滇、黔邊境的氐、羌人,亦進入關中。西晉時期,中原地區的西北諸郡,住滿了少數民族。

人、羌人雜居，深受漢人和羌人影響，"五胡"中，氐族的漢文化水平最高。氐族亦善種田，不是遊牧民族。"五胡"所建立的十六國中，有些地區的文化十分興盛，如後秦、北涼等。

胡人馴獸紋金飾牌

北方民族經常騎馬，需要佩戴皮帶，飾牌就是腰帶扣上的飾件。這個金飾牌以馴獸為主題，反映少數民族入主中原前與大自然的關係密切。

逐鹿中原與胡漢融合

西、北地區少數民族進入中原，改變了原來的生活方式，是中國歷史上第一次胡漢民族大遷徙和民族大融合。他們在漢族為主的土地上立國，由於彼此的經濟特點、風俗習慣和語言思想不同，無可避免會產生民族矛盾。例如少數民族大多還處於部落階段，漢族則已經建立王朝；少數民族大多是遊牧民族，而漢族是農業定居的社會。十六國的君主適應其漢化的程度，和實際統治的需要，對漢族制度的採用和胡漢、胡人之間的民族關係的處理，各有不同的做法，部分則採取胡漢分治的方法來處理。

駱駝　牧童

牧畜圖

這件甘肅出土的畫像磚，描繪西部地區牧童放牧的場面。

氈帳，是少數民族的居所

羌戎少女圖

河隴地區的河西走廊經漢朝大力開發，到魏晉時又湧入了大量移民，成為漢族與少數民族共處之地。

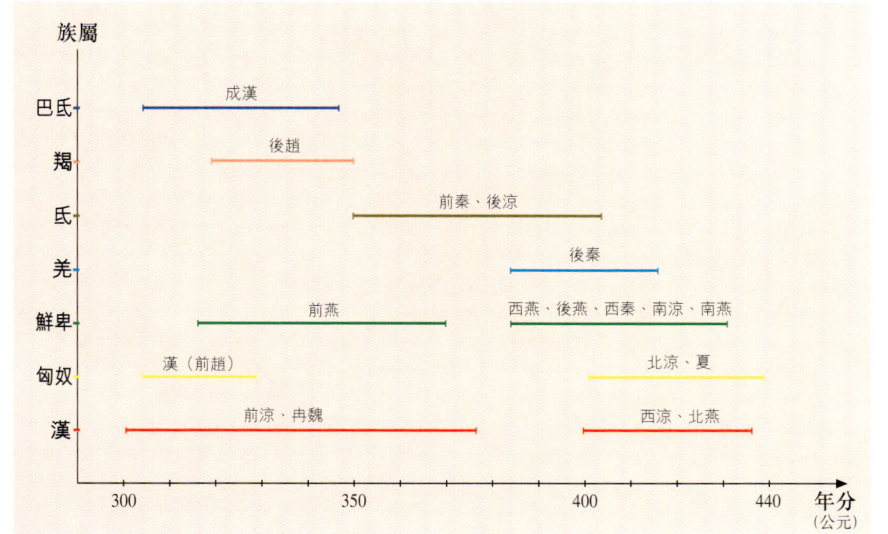

十六國的族屬及建立時期

西晉滅亡後，漢族和最強盛的外族在北方建立了許多割據政權，"十六國"是後世對這段時期的統稱。

① 來自大興安嶺的拓跋鮮卑

由北方南下中原的各族之中，拓跋鮮卑可以說是最成功的。由拓跋鮮卑所建立的北魏，統一北方各國，成為第一個足以與南方漢族政權對峙的少數民族王朝，而且在文物制度上有許多建樹，對隋唐影響很大。拓跋鮮卑的遷徙和南下，有漫長而曲折的歷史。

拓跋鮮卑的來源

拓跋鮮卑是鮮卑的一支，鮮卑原居於中國的東北部。至於拓跋鮮卑自鮮卑分出後所在的地方本來一直有爭論，但後來在大興安嶺北部森林，現在鄂倫春族的住地，發現了北魏建國後，北魏皇帝派大臣回到

樺樹皮罐

鮮卑族長年在大興安嶺地區生活，樺樹是用之不竭的天然資源，這個樺樹皮罐子用來盛放食物。

祖源地祭祖的山洞，洞中有紀念這次祭祖活動的刻石文字，風格與北魏的碑相同，內容與《魏書》所記的內容只差幾個字，從此拓跋鮮卑的祖源地大白於天下，這個強毅的民族的南遷路途亦得以追查清楚。

關鍵的遷徙

大約在東漢時期，已經在森林中有相當勢力的拓跋鮮卑離開大興安嶺，開始了由森林到草原，再由草原進入中原，最終雄霸中原的歷程。在拓跋鮮卑漫長的遷徙歷史中，早期遷徙的關鍵轉捩有兩次：一是公元258年，酋長

鮮卑騎兵俑

這是典型的鮮卑族武士的裝束，屬於輕騎兵。鮮卑族進入中原以後，重裝騎兵逐漸增多，不僅裝備改變，雞冠形風帽也逐漸消失了。

雞冠形
風帽

原應持長
矛或長戟

活動的氈簾

彩繪的窗口

日間捲起
的門簾

方形開窗氈帳陶模型

這是隨葬在鮮卑拓跋氏貴族墓葬中的明器，為鮮卑族在遊牧生活中常用的氈帳模型。上有兩個窗口，晴天窗口開啟，氈帳內可通風和採光；風雨天窗口閉合。

拓跋力微由蒙古高原遷到陰山南面的盛樂城（今內蒙古和林格爾縣西北土城子）定居，建立拓跋氏最早的政權。到達陰山以南宜農宜牧的盛樂，標誌拓跋鮮卑脫離純粹遊牧經濟，接近中原文化；其次是公元398年拓跋珪正式建國號，南遷到平城（今山西大同市東北），標誌着拓跋鮮卑已從農牧交接地帶進入中原。這是北魏早期發展的兩個重要階段。

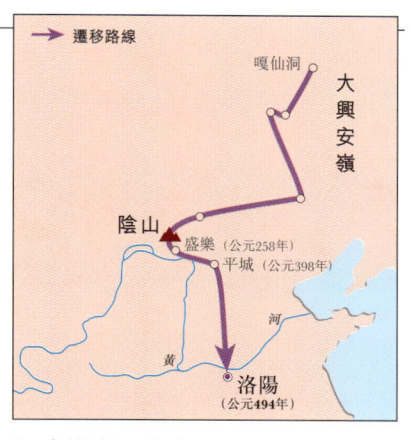

拓跋鮮卑遷徙路線圖

盛樂的環境

盛樂城位於陰山南的敕勒川上，是一長條形的平原，它南接黃河河套，既可放牧，又可耕作。拓跋鮮卑人在這裏生活，唱着自己的民歌："敕勒川，陰山下，天似穹廬，籠蓋四野。天蒼蒼，野茫茫，風吹草低見牛羊。"他們定都於戰國已存在的盛樂城以後，大規模移民，開拓農業生產。從拓跋鮮卑的出土文物來看，這時期的金銀器已有自己獨特的風格，而且工藝水平很高。

定都平城

平城位置雖然仍是偏北，但已經接近原來中原王朝的核心——洛陽和長安。定都平城以後，北魏積極從事建設，發展生產力，經過一段時間的發展，已與中原城市建設和生活習俗相近。隨着生產的發展，私有制的形成，確立了父子相襲的繼承法，並且正式立國稱魏。到公元494年遷都洛陽，已在平城定都九十六年。

盛樂故城出土"猗㐌金"四獸紋金飾牌

飾牌的背部刻有"猗㐌金"三字，這是拓跋鮮卑始祖力微之孫猗㐌的遺物。

城牆遺址

盛樂故城遺址

拓跋鮮卑在盛樂建國，並逐漸從部落聯盟向中央集權的國家過渡。盛樂城發現了大量鮮卑遺物，證實是北魏立國早期的重要根據地，拓跋氏政權在此加強軍事力量，等待進入中原的時機。

統治北方的鐵騎帝國
② 百年經營的平城

拓跋珪建國後，把都城由盛樂遷到平城，並在翌年(公元399年)稱帝。在此後近百年時間裏，平城一直是北魏重點經營的統治中心。遷都平城，為北魏進一步入主中原奠定了基礎。

漢化的平城

北魏的平城是完全依照漢魏鄴都、洛陽城和長安城等中原王朝的都城為藍本佈局的。有宮城(內城)、外城、外廓城三重，全城地勢北高南低，宮城居北，外城和外廓城在宮城以南。宮城和外城以皇宮、王公大臣居所和官府衙署為主要建築，宮城內建有殿堂樓閣三十多座，苑囿九處，其總體佈局、建築結構和圖案紋飾都與中原一致。平城的外廓城也很整齊，是平民的居住區，並仿照中原國家採用里坊制，每坊最多可容納四百至五百戶，少的也有六十至七十戶。

北方中心的形成

道武帝拓跋珪是北魏的創建者，他是歷史上很有作為的一位君主。在他當政的二十多年中，北魏政權在以武力統一北方的同時，迅速完成了從落後的部落聯盟向中央集權國家體制的過渡，採取漢族的典章制度，依靠漢族知識分子和工藝百匠。與此同時，鮮卑人加緊了由不固定的遊牧生產方式向內地傳統的農業生產方式的轉變。

為了強化平城作為統治中心的地位和作用，北魏統治者不斷將中原地區的豪強大族和大批平民、僧侶遷往平城，並在河套地區組織人力進行大規

銅虎符

上有"皇帝與河內太守銅虎符第三"等字，據考，是拓跋珪建國(公元396年)後、稱帝(公元399年)前在平城製作的。這是北魏由部落聯盟迅速轉為中央集權國家的標誌。

蓮花盤龍伎樂石雕柱礎

比中原的柱礎小二分之一至三分之一，應是帳篷支架的柱礎。北魏平城遺址中出土了數方石雕柱礎，比中原木構建築柱礎雕工精緻，紋飾華美，此柱礎融合了圓雕、浮雕、線刻等技法。

圓孔直徑6～7厘米，供插上帳篷的支架

生動的伎樂童子雕像

模屯田。與此同時，還將從各地搜集到的書籍文獻全部運到平城收藏，並積極支持開鑿著名的雲崗石窟，宣揚佛教。在佔領了商貿經濟、學術文化都十分發達的河西地區後，北魏太武帝拓跋燾又將匯集於河西的學者名士全部延攬到平城。在大約半個世紀的時間裏，共有將近一百萬人被遷到平城定居，而對河西地區的控制，使得絲綢之路向東延伸到平城，直接便利了平城和西域以及中亞、西亞等地區的經濟、文化交流。這些政策極大地增強了平城的經濟基礎和政治、文化地位。經過數十年的苦心經營，平城終於發展為當時中國北方的政治、軍事、經濟和文化中心。

磚室墓室

磚室墓內的結構帶有漢風，而石刻又有西域風格。

仿照漢族宮室風格的石雕樑枋

鮮卑家族墓地

鮮卑族在遊牧生活階段不重視喪葬，進入中原以後，才完全仿效漢人的喪葬制度。這是一處遷徙到平城的拓跋氏家族墓地，共有六座墓，等級分化明顯。

甲字形小墓

甲字形磚室大墓

門環

武士鬥獸鋪首

鋪首即門上的銜環獸面。武士為鮮卑人形象，抓着獸角，非常威猛，具鎮守墓室、保佑墓主人平安之意。

統治北方的鐵騎帝國

③ 北魏再遷都及再改革

拓跋鮮卑形成國家的過程，也是漢化的過程。公元439年，北魏統一整個北方，與南方形成長期對峙的局面。孝文帝時期，為了鞏固在北方的統治，進而吞併南方，推行了北朝規模最龐大、最全面的漢化改革——遷都洛陽，大大推動了鮮卑民族前進的步伐，促進了少數民族和漢族的融合。

鮮卑貴族元顯雋的墓誌
孝文帝為了加強鮮卑族與漢族同化，規定鮮卑貴族改為漢姓，其中姓拓跋的，一律改姓元，又禁止遷洛的鮮卑人歸葬平城。

漢化與反漢化潮流

魏晉南北朝時代，少數民族紛紛湧到中原建國。他們立國後，面對龐大的漢族人口以及嶄新的帝國模式，急於謀求一套有效的統治和管理方法，部分胡族統治者就提倡"漢化"，透過改革自身民族，拉近與漢人大族的距離，產生同化效果，藉以鞏固統治。但推行改革，必須借助漢人，也無可避免地觸動本族固有的傳統和利益，每每招致貴族階層反對，形成一股反漢化勢力。"漢化"與"反漢化"兩股潮流此消彼長，在當時北方胡族政權中反復激盪。

從北魏早期推行漢化時所產生的衝突來看，似乎漢化與鮮卑無法相容。因此，孝文帝推行漢化，目光就落到如何使鮮卑貴族接受漢人士族文化之上，即如何使鮮卑貴族與漢人士族合而為一，使鮮卑貴族具有政治地位之餘，也擁有社會地位，以此來鞏固北魏統治，進而實現併吞南朝的目的。

孝文帝漢化運動的內容

孝文帝拓跋宏的變法運動，其內容包括政治、經濟、文化、社會習俗等各個方面，例如遷都洛陽、改革官制、禁用胡語胡服、改鮮卑姓為漢姓、禁止鮮卑同姓通婚，進行禮樂律令改革；經濟方面推行均田制以及相應的租調制和三長制等等。這些都是圍繞着要使鮮卑貴族向漢人士族轉化的目的出發的，也是適應當時生產力性質和發展需要而定的措施，不少為後來北齊、北周以及隋唐王朝所繼承。所以，孝文帝既是推動胡族漢化的改革家，也是不少重要制度的奠基者。

洛陽是推行漢化的立足點

孝文帝的漢化政策是在遷都洛陽以後推行的。北魏首都平城，位置偏北，難以統馭中原，加以地處高原，氣候嚴寒，是一個"用武之地"，卻不宜作為文治國家的首都。更重要的是，平城被保守的鮮卑貴族勢力所籠罩，對改革有一種難以排除的阻力。於是孝文帝把都城遷到當時的兵糧、文化重心洛陽，以此作為推行漢化政策的據點，既可擺脫鮮卑貴族對漢化的羈絆，又方便南下，實現他的軍國大計。

—— 元顯雋本姓拓跋，墓誌銘上已改姓"元"

—— 籍貫改為"洛陽"

雙龍之間的武士又腰踏於龍尾，
雙臂支撐龍頭及龍爪，造型威武

巨目高鼻捲角的獸面

高冠

雙手扶劍

博衣寬袖
的長袍

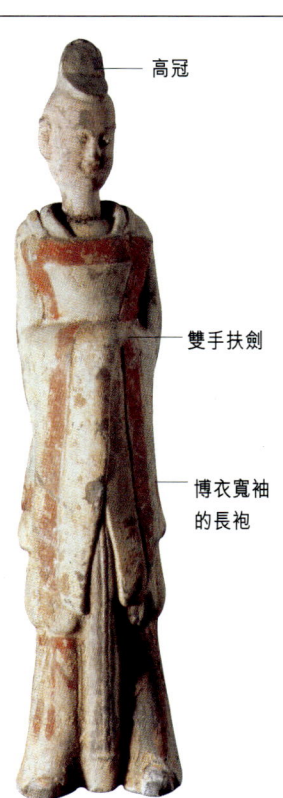

鎏金透雕人龍紋鋪首
鋪首是建築的裝飾構件。這件鎏金青銅鋪首表現了武士與
龍進行生死搏鬥，代表了鮮卑民族征服自然的勇氣。

彩繪陶文吏俑
這是一位北魏文吏的形象。文吏
身穿漢式衣袍，但手持長劍，造
型糅合了胡漢特色。

彩釉瓷文官俑
身穿披風長袍，頭戴風帽，
融合了胡漢服飾，體現了漢
化的形象。

立羊形嵌寶石金戒指
鮮卑繼承匈奴的傳統，喜愛黃金裝飾，
工藝愈見精美，寶石的鑲嵌技術高超。

範疇	措施	內容
政治方面	遷都洛陽	把首都從平城遷到中原文化重心洛陽。
	官制漢化	中央及地方官職依漢制，重訂封爵和官祿制度。
	定禮樂刑法	祭祀、喪禮等依漢制，頒《魏律》，去除酷刑。
經濟方面	行均田制	十五歲以上男子、婦女及奴婢一律授田。
	行租調制	家庭依法課稅，男子須服兵役，六十歲以上可豁免。
	行三長制	設三長負責檢查戶口，徵收租調，徵發力役。
	改量衡制	依漢制改用長尺大斗，並制太和五銖。
風俗方面	定士族制	把漢族高門分為四等郡姓，漢人頭等士族的地位與鮮卑八姓相當，不得授以卑官。
	改姓氏	簡化鮮卑姓氏，皇族紛紛改為漢姓。
	禁歸葬	遷洛鮮卑人，死後不得歸葬平城。
	禁胡服胡語	鮮卑人易漢服，禁大臣在朝廷說胡語。
	獎勵通婚	鼓勵鮮卑人與漢人通婚。
	推廣教育	設立各等學校，重用儒生，立禮樂、祭孔子。

① 漢化運動下的新都城洛陽

傳祚無窮瓦當

瓦當上有"傳祚無窮"字樣，表示了北魏統治者要建立千秋萬代統一功業的願望。

孝文帝漢化運動是北魏歷史上的大事，運動中一項重要措施，就是遷都洛陽，這對北魏控制中原十分重要。遷都洛陽，不僅可以在中原大力發展農業，避免北方其他民族的侵襲，同時還可減少平城的鮮卑傳統勢力的干擾，以利大刀闊斧的改革。所以，遷都洛陽是一件政治上的大事，更是改變鮮卑族歷史命運的一件大事。

都城佈局的繼承和變化

洛陽的建築佈局體現了帝王之居建中立極、官府外設、左祖右社的原則，繼承了中國都城佈局的一貫體制，然而洛陽的宮城偏北，市場在南，又與傳統不同，違反了"前朝後市"的禮制規定。這個看似簡單的改變，在中國傳統中並非單純的建築問題。這種前市後朝的佈局後來為隋唐的都城設計所繼承，由此亦可見隋唐的制度與魏晉南北朝淵源之深。據現在的考古資料，前市後朝並非始於洛陽，它與平城、建康和涼州的規制皆有關係，這又反映出魏晉南北朝時代的文化交融現象。

影響洛陽城規制的因素

洛陽無可避免受舊都平城的影響，而平城營建或者有模仿建康的因素，至少北魏曾派人到建康訪察過宮殿。建康也是一座"背朝面市"的都城，公元330年建成，比北魏創建洛陽還早一百六十三年。此外，河西在戰亂時保留了很多中原的文物制度和人才，北魏統一北方後，很倚重這批人才，洛陽的規劃出自河西漢族李沖之手，而十六國的涼州就是宮城在北、市場在南的佈局。這些都城之間的影響關係，是南、北及河西文化交融的見證。洛陽和建康改變了"前朝後市"的傳統佈局，也有因地制宜等具體原因。例如建康有地理原因，還有輕視儒學，思想擺脫舊禮教的束縛等因素。北魏也可能更重實際，出於經濟原因立市於城南。總之，這兩個城市是東漢以來最早的違反周禮成規的都城。

北魏洛陽城平面想像圖

考古發現雖不能完全恢復洛陽城原來的面貌，但其周長和主要格局，符合文獻記載。洛陽城周長約14,345米，相當西晉里約30里。宮城在城的中軸線北部，宮城以北為朝廷禁苑。城內御道縱橫各四條。居民里坊和商業市場的分佈尚不清楚。

N

約長3700米

金墉城

華清園

宮城

約長4290米

約長3895米

永寧寺

約長2460米

洛　水

伊　水

■ 中央官署及社稷宗祠所在
卐 寺廟
⛩ 城門
— 城牆
— 道路

魏晉以來的軍事設施

據勘察，北魏洛陽城是在東漢和魏、晉洛陽城基礎上興建的。城牆被加高加厚。四周城垣不作直線而有曲折，城門並築雙闕，含有軍事防禦性質。其附廓城——金墉城在城西北，地勢高亢，形如堡壘，有城垛。其作用和曹魏鄴城的三台——銅雀台、金虎台、冰井台相似。雖然詩人感歎"銅雀春深鎖二喬"，但台的興建顯然是出於軍事防禦考慮，洛陽的金墉城應是這種做法的延續。自魏晉以來洛陽城的一套防禦設施已相當完備，是前朝都城無法比擬的。

北魏都城的佛寺盛況

北魏都城洛陽還以佛寺眾多而著名。據《洛陽伽藍記》*記載，北魏洛陽有佛寺一千三百多座，盛況可見一斑，而北魏的佞佛風氣亦可謂空前。這些佛寺現在已經成為歷史陳迹了。現經探明的永寧寺遺址，位於宮城之南門外偏西處，寺院南北305米，東西215米，中心尚存方形塔基一處，有泥塑佛像及各種建築材料出土。

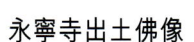

永寧寺出土佛像
在永寧寺的塔基中出土各種佛像和供養人像達千餘件，塑工精湛，是北魏陶塑的傑作。

羽林、虎賁俑
羽林、虎賁是由皇帝親自統帥的皇家禁衛軍，亦即中軍，任務是隨侍皇帝左右，保衛皇室安全。這支軍隊以騎兵為主，是北魏國防的核心力量。這件洛陽出土的陶俑，是羽林、虎賁指揮官的形象。

銅牛車
乘坐牛車是漢人的習慣，盛行於東晉貴族間。陶牛車模型在平城鮮卑貴族墓已經出現，洛陽發現的唯一銅牛車，較陶牛車更精緻，證明鮮卑貴族重視以乘坐牛車來顯示地位。

*《洛陽伽藍記》：北魏楊衒之撰。"伽藍"是梵語佛寺的音譯。記載當時洛陽城內五十五處寺廟的興廢，並涉及許多政治、社會、人物、地理及民間風俗內容，以及古代中印交通的資料。

小辭典

② 漢化風氣下的北魏王室陵墓

深受中原文化影響的北魏政權同歷代王朝一樣，將修建統治者的陵寢，視為朝廷的大工程，為此調動全國大量財力、人力和物力。在北魏眾多皇陵中，文明太后馮氏的永固陵以及孝文帝的虛宮萬年堂最能代表北魏入主中原前的物質文化水平，同時也最能反映鮮卑統治者積極容納中原文化的程度。

大同北魏墓羣
北魏的墓羣排列井然有序。

體現母權遺風的永固陵

文明太后馮氏是以"孝文改制"而著稱的孝文帝拓跋宏的祖母。她富有雄才大略，先後兩次臨朝秉政，是一位有作為的統治者，曾在北魏早期發揮過重要作用。文明太后在世時，親自選定了陵址，建陵工程歷時八年而成。馮氏的永固陵工程浩大，一方面與其兩度臨朝掌權，在北魏皇室中居於重要地位有關；另一方面也表明北魏禮制的特殊性，即母系家族權勢的作用。

永固陵位於今大同市北25千米的西寺兒梁山（古名方山）南部，坐北朝南，現存墓塚封土高22.87米，基底呈長方形，東西長124米，南北寬117米。在墓塚前600米處，現存一平面為長方形的建築遺址，分佈有柱礎和磚瓦等建築材料的遺迹。

文明太后陵寢更有意義的一點在於墓地和佛寺結合在一起的做法，這在中原皇陵中是罕見的。其整體佈局和主建築、附屬建築，都帶有濃厚的佛教色彩，這與北魏政權崇信佛教，特別是文明太后本人是虔誠的佛教信奉者有直接關係。

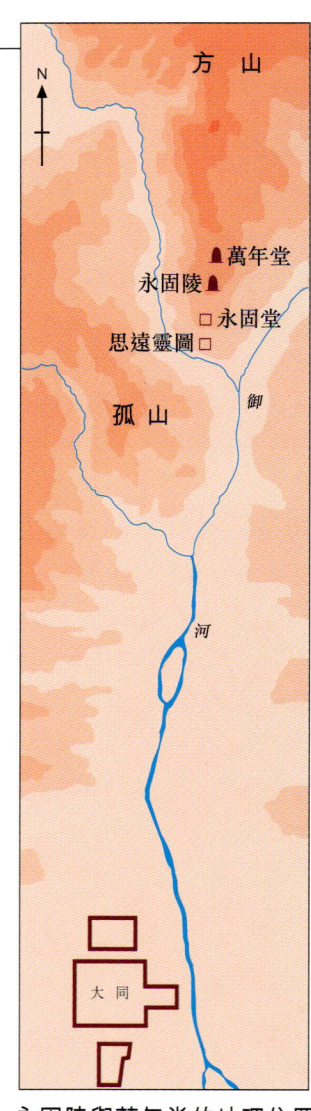

永固陵與萬年堂的地理位置
在永固陵南面約600米是永固堂遺址，是祭祀的享殿，再往南200米是一座周繞迴廊的方形塔基遺址，稱思遠靈圖，相信這裏原是佛寺。

孝文帝的虛宮萬年堂

在永固陵北面相距不到1千米的地方，另有一座封土墓塚，規模較永固陵略小，現存封土堆高約13米，基底方形，邊長約60米。這便是北魏孝文帝拓跋宏的虛宮，稱為"萬年堂"。

孝文帝由馮氏親自撫養長大，為了表示對祖母的孝敬之情，孝文帝在馮氏墓旁預先營建自己的陵寢，意在百年之後仍然陪伴瞻望祖母於左右。但後來因為遷都洛陽，而使"萬年堂"成為虛宮。萬年堂的墓室結構與永固陵相同，墓為磚築，主室平面近方形，四角攢尖頂，頂心也鑲嵌一雕飾蓮花紋的白石。前有拱頂通道與前室相連，通道寬2.46米、高2.51米，現存殘長10餘米。通道設前後兩道石門，門框上有握劍武士的浮雕圖案。

鎮守陵墓的胡人俑

在平城附近的鮮卑貴族墓出土，是隨葬陶俑羣中形體最大者，面目以誇張手法表現武士的威猛。鮮卑軍隊中不乏胡人。以胡人作鎮墓俑始於北朝，隋唐時演變為胡人面孔加獸身的形象。

手捧蓮蕾的
赤足童子

口啣寶珠

孔雀石刻特寫

孔雀振翅揚尾，長尾上的羽毛雕刻極為細膩逼真。

虎頭狀的石門墩

永固陵石券門

這是墓室過道的石券門，具龕柱的蓮瓣形拱門，有佛教色彩。兩側龕柱各雕一個童子，體態豐腴，衣帶飄飛，嬌憨可愛，高約37厘米。

降附鮮卑的西晉王族司馬金龍之墓

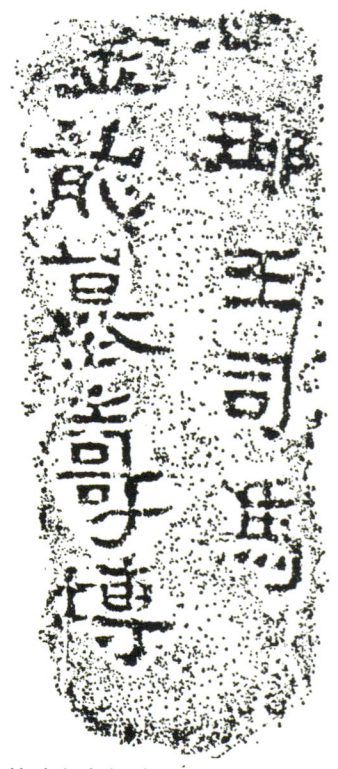

墓磚文字拓片
司馬金龍墓用了大量特製墓磚，每塊的側面均刻"琅琊王司馬金龍墓壽磚"字樣，文字和形式都和中原墓磚一致。

墓誌銘額文字拓片
墓誌的內容說明司馬金龍的漢族身分與在北魏的職官。

戴雞冠形風帽，披鎧甲的騎馬武士

魏晉南北朝時代，胡漢關係是最重要的社會問題。今天的山西大同在北魏稱平城，一度為帝都，其附近發掘的北魏琅琊王司馬金龍夫婦合葬墓，是觀察北魏鮮卑統治者與漢人貴族關係的重要資料。

戴尖錐形盔，穿圓領窄袖長衣，外罩鎧甲的武士

北魏雖然由鮮卑統治，但治內漢人比鮮卑人多，漢人的文化程度也較高，為了方便統治，北魏重用部分漢人以維持社會穩定。司馬金龍是西晉皇族後裔，他的父親本是南朝高官，逃亡北方，降附北魏。司馬金龍襲爵，並與北魏的貴族通婚。

司馬金龍夫婦墓規模宏大，遺物眾多，雖曾被盜，但留下的陶俑仍有近四百件，不少陪葬品更是藝術精品，由此可知司馬氏在北魏時享有顯赫的地位。這也是北魏皇族與漢族豪門聯合統治的歷史見證。

墓的形制和室內佈置，與同時期中原漢族墓葬一致，顯示了南北文化上的聯繫。墓內的一張漆屏風，充分表現墓葬的漢化特徵。其題材、形象、服飾絕不見鮮卑內容和式樣，而與南方壁畫相似，可以認為它是濃郁的東晉文化的再現。另一方面，隨葬陶俑羣中有大量的配以鎧甲騎具裝備的陶俑和馬駝畜羣，又顯示出遊牧經濟和北方民族軍隊的特色。一些胡人侍俑和樂俑，高鼻多髭，可能是模擬當時居住在附近的少數民族人物而製成。

漆屏風

現僅存較完整的五塊屏板及石屏，屏風木板上分別畫有人物四層，採用鐵線描的手法，線條富節奏感，連綿不斷，悠緩自如。漆畫色彩鮮艷，並有榜題"帝舜二妃娥皇女英"、"靈公夫人"、"漢成帝班婕妤"等，可知內容取材自劉向《列女傳》的故事，完全是漢朝以來儒家傳統文化的產物。

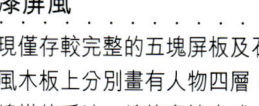

陶俑羣

武士俑、騎馬武士俑是墓主人的護衛，男俑則是供墓主人差遣的奴僕。

戴圓形風帽的男俑

墓葬結構與平面佈局

結構為長墓道，仿中原漢墓，其磚室分佈與南方貴族墓同，說明它完全是漢化政策的產物。

青瓷唾壺

長壺頸，掛釉至底，製作精美。

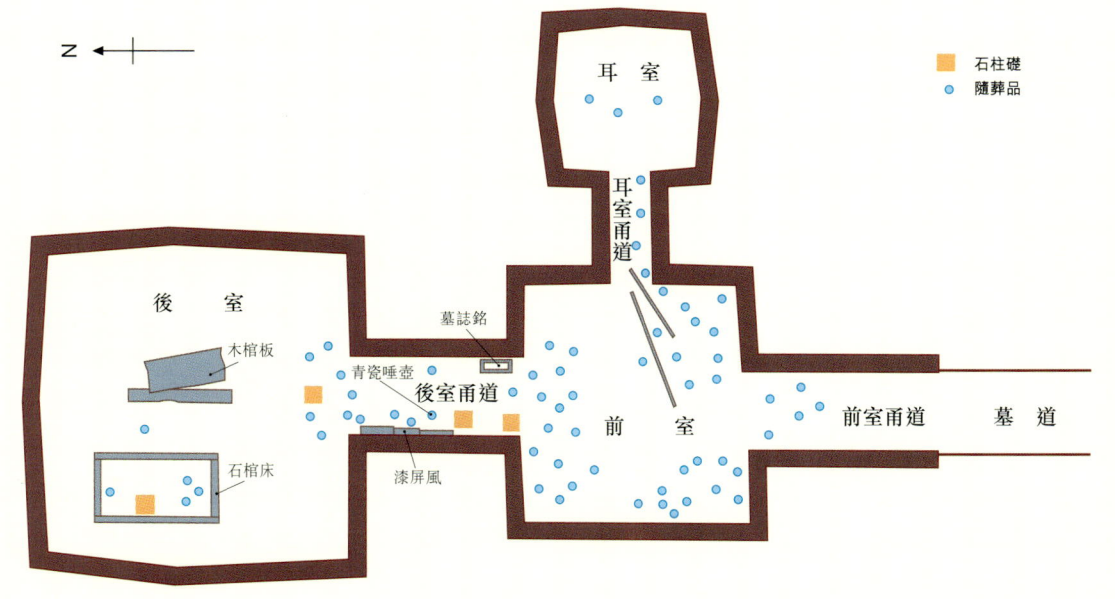

石柱礎
隨葬品

N

耳室

耳室甬道

後室

木棺板

墓誌銘

青瓷唾壺

後室甬道

漆屏風

石棺床

前室

前室甬道 墓道

胡化漢人治下的
鮮卑貴族庫狄迴洛之墓

北齊(公元550～577年)是一個糅合了胡漢特色的政權。建國者高洋有漢族血統,其先輩則長期在北魏供職,是個胡化的漢人。北魏分裂為東、西魏,高洋篡奪東魏建立北齊。在激烈的改朝換代以後,鮮卑貴族仍然保持自北魏以來的政治優勢,在北齊出任舉足輕重的官職。

北齊的鮮卑貴族在接受漢文化的同時,也保持着本民族的固有的傳統,庫狄迴洛墓就充分說明了這種特點。鮮卑貴族庫狄迴洛是北齊重臣,曾先後擔任北齊壽陽大都督、肆州刺史等官職,被封為東燕縣開國子,有食邑四百戶。其墓葬等級較高,佈局和規格均仿效漢人習俗,這種漢化的墓制在當時的北方貴族墓中很普遍。

墓中有隨葬品三百餘件,分生活用具、陶製明器和陶製俑羣三大類。漢末仍用以代表禮制的銅製和陶製禮器,此墓已不見踪迹。而食器、酒器和裝飾陳設等生活用具,與鮮卑民族的生活習慣息息相關;器物以釉陶器為主,兼有金器、銀器和鎏金銅器。鎏金銅器的造型兼容了遊牧民族的傳統風格和漢文化的特徵,這是北朝在民族融合過程中產生的新品種,加上地處黃河以北,接近邊疆,也造成與南朝同類器物較大的差異。

庫狄迴洛墓的位置

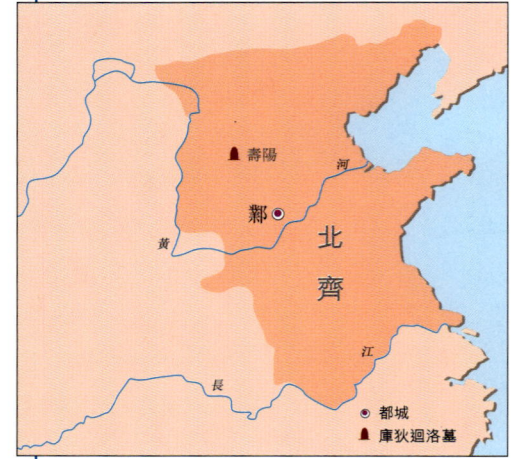

庫狄迴洛墓室結構圖
庫狄迴洛墓屬大型甲字形磚室墓。隨葬器物豐富,主要堆放在木槨之前。

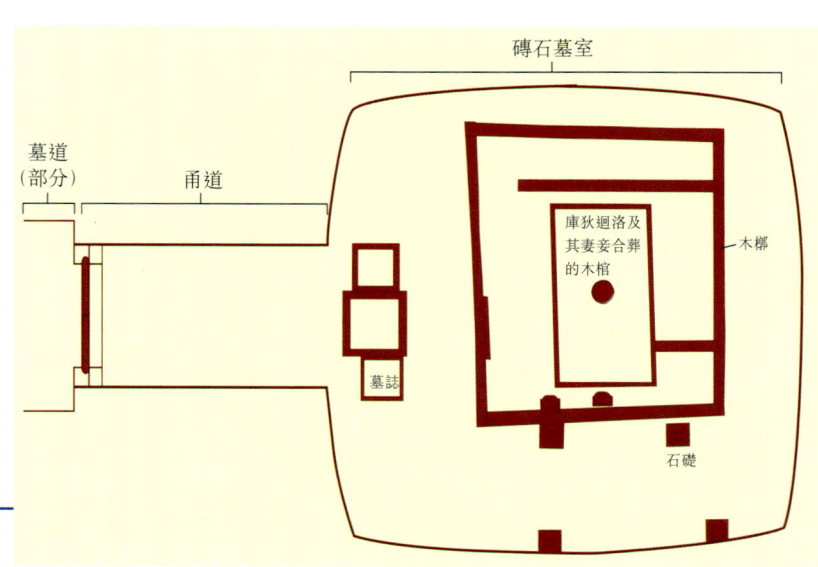

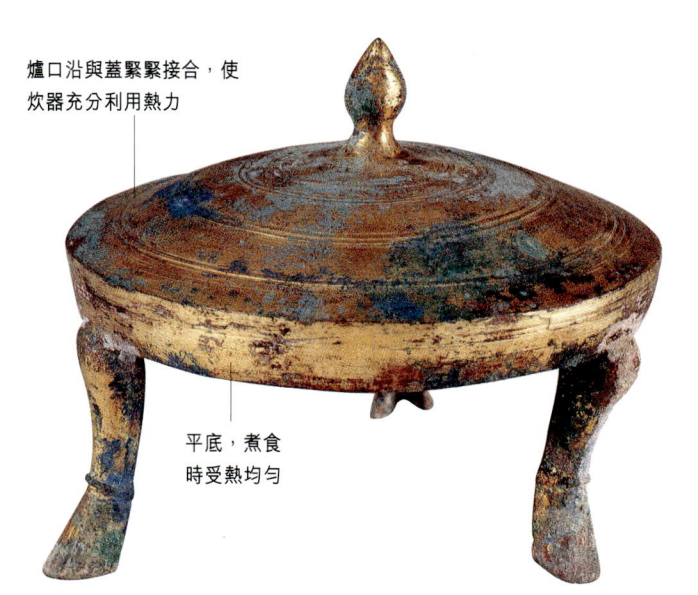

爐口沿與蓋緊緊接合，使
炊器充分利用熱力

平底，煮食
時受熱均勻

鎏金銅三足爐

墓內發現的食具主要是三足器，可用來直接烹煮食物，體現了北方遊牧
民族野外炊食的遺風。這應是專用於烙餅的。餅是北方的常見食品。

瓶頸長而細

呈卵形的瓶身

鎏金細頸瓶

這種水瓶的造型在西域很流行，因為西域人騎馬
四出活動，幼細的瓶頸方便繫繩並束在馬背上。
後來北方遊牧民族也廣泛採用。此瓶造工精細，
器型規整，是北齊鎏金工藝的代表作品。

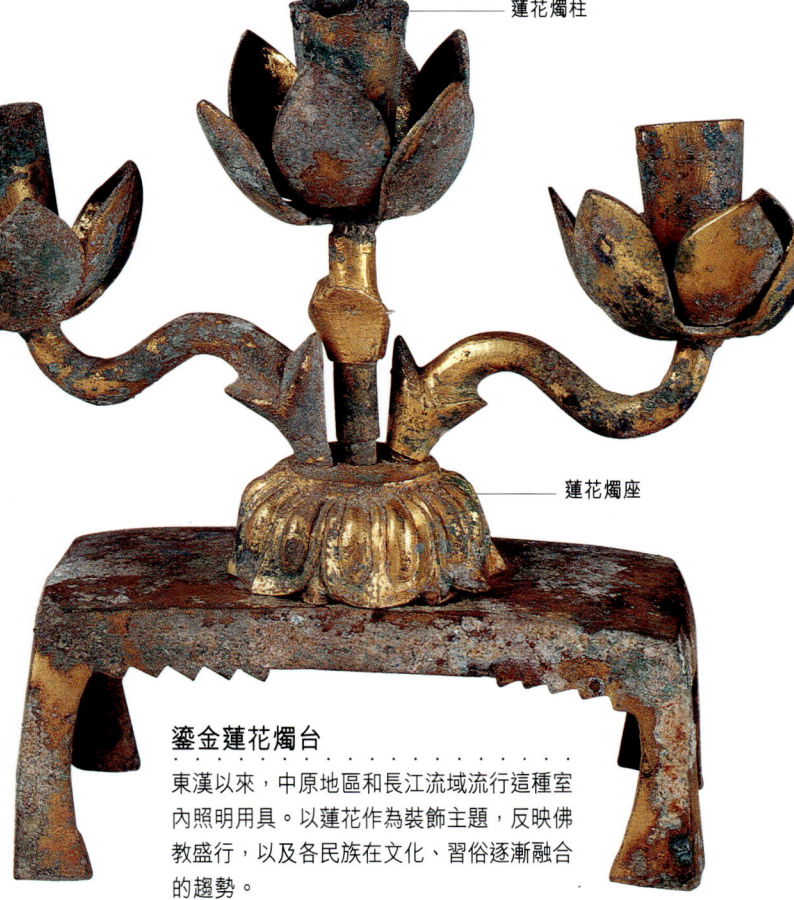

蓮花燭柱

蓮花燭座

鎏金蓮花燭台

東漢以來，中原地區和長江流域流行這種室
內照明用具。以蓮花作為裝飾主題，反映佛
教盛行，以及各民族在文化、習俗逐漸融合
的趨勢。

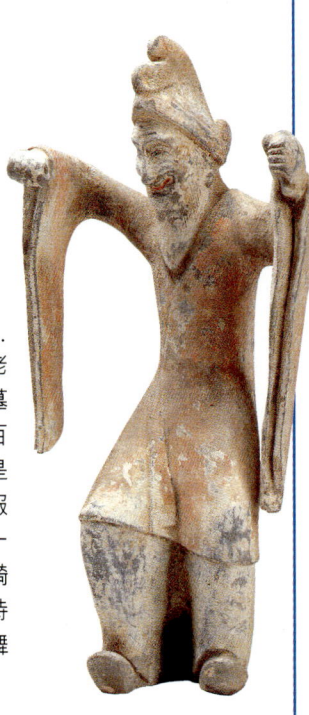

胡人舞俑

這位西域胡人老
者，作舞蹈狀。墓
中的隨葬陶俑一百
二十餘件，由於是
倒模製作，所以服
飾、造型基本一
致，類型以鮮卑騎
兵俑、武士俑、侍
從俑為主，胡人舞
俑僅此一件。

政治聯姻的見證——草原大國公主的墓葬

拓跋鮮卑入據中原，草原上又興起一個大國——柔然。

"茹茹" 是柔然的中原譯名，族姓郁久閭。這個遊牧國家，國力強盛，故此成為北朝胡族國家積極拉攏的對象。當時北魏分裂為東、西魏，干戈不絕。東、西魏為了對付敵方，對四方邊境的部族採取 "招懷荒遠" 的睦鄰政策，維持和平穩定的關係，聯姻成為常見的籠絡手段，促成了不少政治婚姻，東、西魏都曾把公主嫁到茹茹國，而茹茹王阿那瓌也把公主嫁入中原，其中

東魏茹茹公主墓的位置

河北省磁縣的墓葬區，地處東魏都城——鄴都的西北郊。

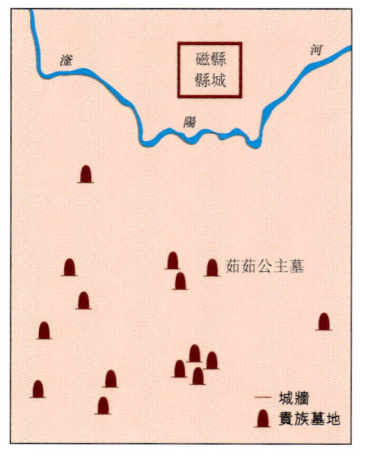

桀戟架及儀仗人物圖

這組儀仗行列的侍從擁盾端坐於兵戟架下，戟架上插有六杆虎頭彩幡長戟。一人於兵戟架旁，罩圓領披風，握長戟，應為儀仗隊的首領。

墓道

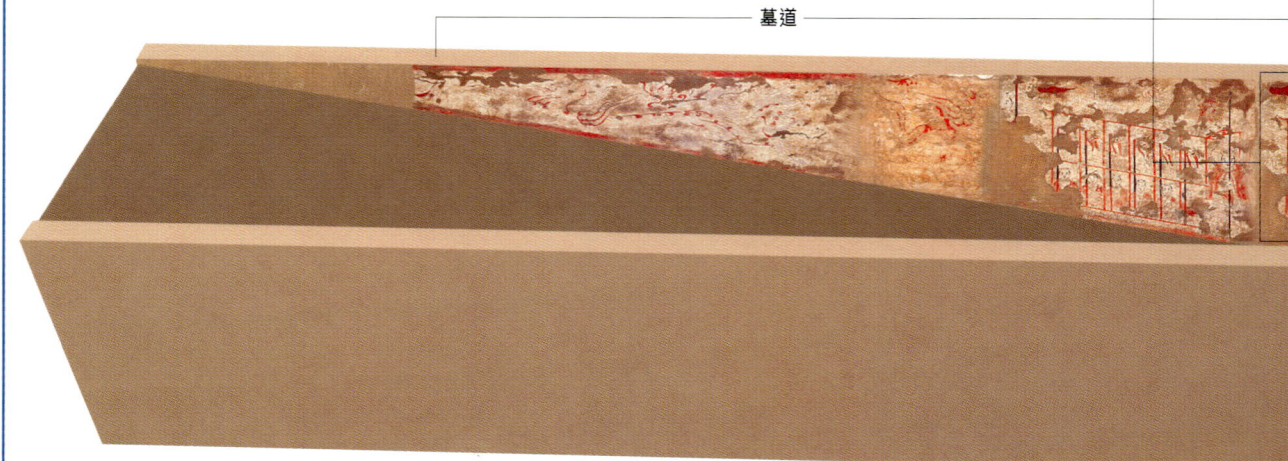

阿那瓌的孫女鄰和公主就在這種政治形勢下，於公元542年嫁給東魏丞相高歡之子、長廣郡公高湛，當時公主年方五歲，高湛亦只有八歲。至公元550年，鄰和公主早夭，死時年僅十三歲。

鄰和公主墓位於今河北省磁縣的墓葬區之內，那裏是東魏、北齊的皇室貴族安葬之處。此墓結構宏偉，壁畫內容及出土器物豐富精美，以陶俑為主，完全呈現出北方民族大力推行漢化的時代特徵。

前室內景

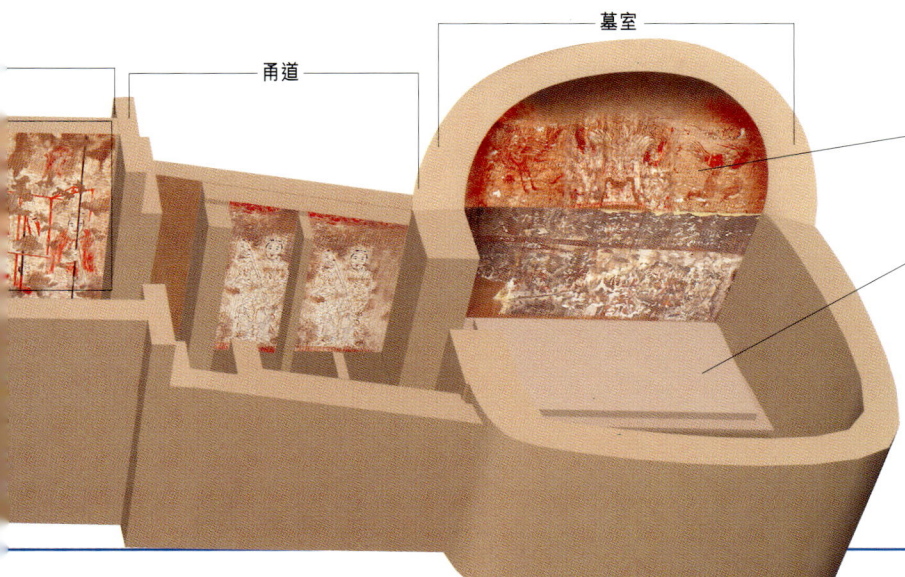

墓室

甬道

形似氈帳的穹隆頂

棺床

茹茹公主墓內部復原圖

茹茹公主墓為甲字形磚砌單室墓，由墓道、甬道和墓室三部分組成，總長34.89米、東西寬5.58米。墓室的平面呈方形，墓頂為穹隆狀，墓壁用三層磚砌成，厚達1米。

① 定都江南

東吳孫權在赤壁之戰後，全力開發江南。定都建業，為南京建都之始。東晉南遷，改名建康，並在舊城址建宮城，奠定了後來南方都城發展的基礎。在南北分裂時代，南方政權均擇定都建康，這個南方各朝依恃的重要都城，前後三百多年，使其在江南政治上具有獨特地位，日後更發展為經濟文化的中心城市。

秦淮河今貌
秦淮河是建康對外的交通要道，由蘇杭供應京城的糧食都由此運送。

龍蟠虎踞的都城——建康

由三國東吳定都建業開始，直至南朝共六個政權，都以此地為首都。而且，在吳國的建業都城基礎上，直到明清，城市範圍都沒有很大變化，實在是由於所處的地理環境優越使然。建業位於長江下游南岸，地勢險要，沿江山巒連綿不斷，西北又可依傍長江天險，地形仿如龍蟠虎踞；位處建業西面的軍事重地石頭城，起守護都城的作用，使建業城地位舉足輕重，成為六朝之都。

都城佈局

當北方民族佔領黃河流域，晉室被迫遷到長江南岸時，他們便在東吳建業城的基礎上改建為建康城，建築佈局則仿照原來的都城洛陽城，城周"二十里十九步"，宮城"周約八里"。起初圍牆都以土牆竹籬所造，到東晉末年才部分改用磚；南朝齊又正式建城牆，並全部改為磚砌。南朝梁再把兩重宮城增為三重，像這樣有三重城的宮城，在城市發展史上罕見，這應該與當時的政局動蕩有關，皇室惶恐不安，着力於防禦。

經濟寶地

自從吳國遷都建業後，就大力開發江南，長江便於航運和水利灌溉，農業興旺發達。江南腹地廣闊富饒，都城人口糧食供應得到保障。當時有民謠說："寧飲建鄴水，不食武昌魚；寧還建鄴死，不止武昌居。"

青龍畫像磚

朱雀畫像磚

白虎畫像磚

玄武畫像磚

經過三國吳及西晉對江南的開發，不少北方的士族紛紛南來。這些遷居江南的世家大族仍然沿用北方的生活習俗。
東晉時，江南墓葬常見的四神畫像磚，自漢朝已經流行。這組四神畫像磚，象徵東、南、西、北四方平安神。

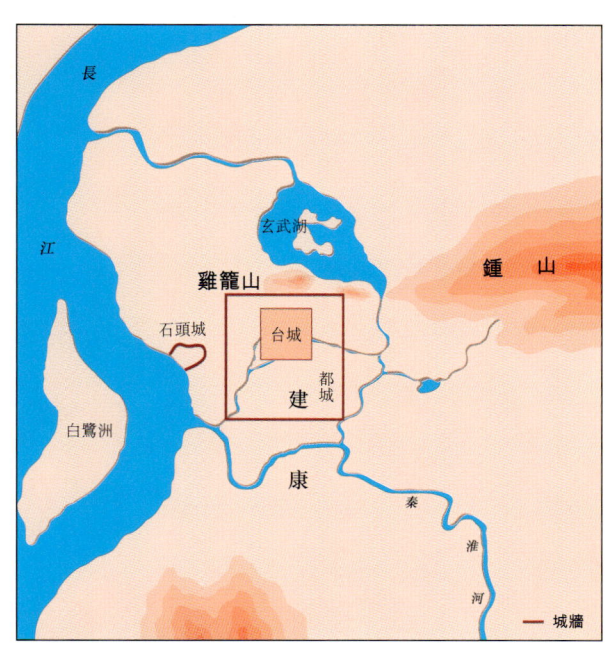

六朝建康城位置示意圖

建康城位處長江南岸，為長江及其支流環繞，依傍鍾山（今紫金山），呈龍蟠（長江）虎踞（鍾山）之勢，又築石頭城加強防衛力。建康在六朝時代不僅是政治中心，城內也興建了不少佛寺。

吳國弩機

弩是弓箭的發射裝置，這樣弓的射程可更遠，速度更快，從而加強殺傷力。弩在戰國已經出現，東漢晚期到三國時代，為了對付北方的騎兵，弩也迅速發展及普及。下圖的弩機是遠射兵器，結構與漢朝的弩機相同，加長的弩臂，加強了弓的強度，射程更遠。

青瓷豬圈

由於東吳時期積極開發，南方經濟及生產一直持續發展。例如飼養家禽家畜，不單是作為食用，到了南北朝時，農業已開始用糞來做肥料，有些出土的瓷豬圈，是與廁所造在一起的，就證明養豬以積肥的作用。

憑恃天險的石頭城

六朝時期，由於政治和軍事需要，在都城外圍興建軍事堡壘和附廓城。這些城堡中，現在保留最完整的僅存石頭城。石頭城是建業西面最重要的軍事堡壘，依山而建，西、北兩面瀕臨長江。自三國至六朝時期，長江成為了保衛都城的重要防線，憑恃長江天險的優越地勢，敵人難以進攻。這裏又曾是孫吳的水軍駐所，沿江的最大港口，可以停船舶千艘。這座由孫權修建的石頭城，至六朝仍然是戰略要塞，是兵家必爭之地。

城牆上望
由下向上望，城牆的高度予人震撼的感覺。

石頭城因清涼山、長江為城池，孫吳時在城中設有倉庫儲存軍械、糧食等，可見這裏以防守及軍需補給為要；同時，在城西南設烽火樓，與沿江各要地的烽火台舉目相望，一晝夜間，軍情傳遍長江沿線孫吳所轄各地，直達西都武昌，構成長江沿線的重要警報系統。

石頭城作為守衛都城的軍事城堡，極為有名。唐朝詩人劉禹錫有一首提及石頭城的詩：「王濬樓船下益州，金陵王氣黯然收；千尋鐵鎖沉江底，一片降幡出石頭。」描述了西晉滅吳的情景，傳誦一時。在唐朝由於全國一統，石頭城已不起作用；到了五代，因江岸變遷，石頭城失去天然險勢，也就逐漸荒蕪了。

石頭城和水軍
石頭城在山岩上以土石築城，而西、北兩面緊靠長江，江面寬闊，是難以逾越的天然屏障，在山上及江邊駐紮重兵，盡佔軍事防守之利。

石頭城遺迹

石頭城建築於山岩之上,最初應是土塢,後來才加磚累甓,現在西、北沿江一帶壘石所築的城牆仍清晰可見,應是六朝的遺迹,磚牆石塊可見的部分最厚達十二層,高5.5米。

石頭城城牆上的"鬼面"

城牆上凸起的部分,是岩石風化的結果,當地人稱此部分為"鬼面"。

漢族的半壁江山
② 移民潮推動的經濟發展

孫吳立國江東後，為擴充國力，主動開發南方。西晉永嘉之亂引起了中國歷史上規模巨大的移民潮。移民主要向東北、西北、東南三個方向作輻射狀遷徙，尤以向江南的流徙規模最大。東晉之後，還有幾次北人南渡。每股移民潮數以萬戶計，資金、人才、技術隨之向南轉移，加速了南方農業、手工業、商業的發展，揚州等商業城市也紛紛興起，為隋唐時代經濟重心南移奠定基礎。

農業與水利的發展

為保證軍糧的供給和增加財政收入，孫吳非常重視農業的發展，企圖改變江南原來人口稀少、火耕水耨的落後狀況。

孫權建國後，充分利用江南雨量充沛，土地肥沃，水利方便的優越自然條件，實行"授田於民"的屯田制。當時江南的皖、浙、贛、蘇交界山區的土著民族稱為"山越"，在公元200～237年期間，孫權以武力驅使他們出山屯田，其人數達十萬，號稱"民屯"，同時並以士兵屯田稱為"軍屯"。他們在七十多年間，開發了許多耕地。後來，北方南下的農民，也加入民屯隊伍，還帶來先進的農業生產工具和生產技能，進一步開拓了江南耕地的面積。孫吳屯田的成功，既解決了北方南下流民與土地結合的問題，也解決了軍餉問題，有助孫氏政權的鞏固。

此外，孫吳也大力興修水利，既為了更充分利用水力資源配合農業發展，也可以防止水災。當時的重點水利工程，大都是圍繞首都建業興修的，後來江南運河的雛形，在這時已經略具規模。

玻璃杯

這隻由羅馬進口的玻璃杯，圓口圓底，口稍外侈，沿外和腹下有一圈刻紋。這些玻璃器與希臘所發現的羅馬時期玻璃器是一樣的，反映當時中國與西方商貿的頻繁來往。

南方的經濟地位發展概念圖

- 北方戰亂頻繁，使人口南移，增加南方的勞動力
- 東吳立國後，大力發展江南經濟，以屯田開發土地
- 改善水利及航運設施，農業及交通得以穩定發展

原因

落後期　　開發期　　繁榮期

222（東吳立國）　　589（南陳亡國）　　年分（公元）

南方的經濟地位

牽馬畫像磚

江南有不少商業城市，陸路及水路暢通，陸上普遍以馬代步及運貨。這塊南朝墓葬出土的畫像磚，馬前的牽馬人闊步前進，馬後尾隨一人跑步緊跟，兩人應為侍從。

手工業與商業的發展

隨着移民紛紛湧向南方，並與江南本土居民的生產力結合，江南手工業開拓出一個新的局面。冶鑄業以武昌附近最為發達；煮鹽業方面，政府在海鹽、沙中等地設有食鹽產銷的管理機構；紡織業雖然分散在農村，但政府在首都建業也有自己的紡織作坊。

農業、手工業蓬勃發展自然有利於商業發展，造就了南方商業城市的興起，例如成都、番禺，以及以建業為中心的周圍京口、廣陵、會稽、山陰、宣城等新興的商業城市，較北方更為繁榮；同時也發展了海上交通，與東亞一些國家來往頻繁。

有了商業的發展，對貨幣的需求自然增加，因此孫權曾下令發行以一當五百和以一當一千的銅幣。然而，這時的貨幣還是以輔助的姿態出現，交易上仍是錢帛與實物並用，而且貨幣的幣值也不穩定。

西晉青釉印花雙繫卣

——眉毛及髭鬚濃密

崑崙奴陶俑

魏晉時代，南方水路交通發達，南方政權與扶南（今柬埔寨）、林邑（今越南中部）、天竺（今印度）等國都有商業往來。在商品交易之餘，也販運奴隸。外國商人通常把南海的崑崙奴經海路運到中國售賣。崑崙奴在東晉時指黑皮膚的馬來人，這個陶俑的面貌具外國人的特徵。

江南重要手工業區的分佈

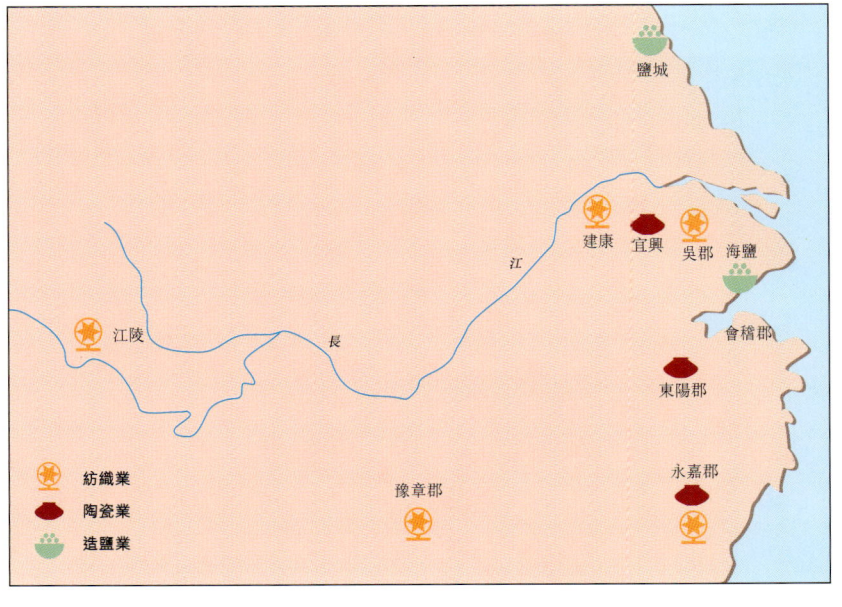

① 偏安江南的帝王陵寢

南北朝時代，北方帝陵具有少數民族的葬俗色彩；南方帝陵的埋葬制度則源於漢朝，重視聚族而葬，講究葬地的"風水"，陵墓建築有一定規範。這種制度直接影響到隋唐時代王室陵墓的發展。

分佈範圍

南方陵墓較北方為完整，凡稱陵或稱墓並有葬地者七十一處，其中除十一處葬地不明外，其餘皆分佈在都城建康及其附近。族葬之風，始於漢朝，到了南朝宋以法律形式肯定了山林川澤的私人佔有，豪門世族和皇室貴族把農民小塊土地和國家"公有地"佔為私有，並普遍建立田園別墅和私有族葬的葬地。所以這種在私有制基礎上的聚族而葬，到了六朝已經蔚然成風，成為當時的一種制度。漢朝帝陵已開始族葬，到了六朝，不僅帝陵，世家大族亦復如此。在建康鍾山和雞籠山之麓即為東晉帝陵之葬地，十一帝中九帝即葬於此。丹陽的齊、梁帝陵亦如此，並且陵口有大型石刻，標誌着此為皇陵族葬之區的總入口處。

埋葬制度

六朝陵墓以它獨有的埋葬制度和藝術特色著稱，是代表魏晉南北朝時代特點的實體標本。綜合當時埋葬制度可歸納為以下幾點：聚族而葬；葬地"風水"均為"背倚山峰，面臨平原"；營造方法規範化，其程序是：首先選擇葬地，開鑿墓坑，砌造墓室，放置遺物和葬具，最後封門和填土，以及在墓前置地面建築和神道石刻。六朝陵墓埋葬制度源於漢朝，但漢朝僅屬初創，尚不完備，沒有出現像魏晉南北朝時代具有墓室、神道，地面石刻較為完整的陵園，這種制度直接影響到隋唐時期的進一步擴大和發展。六朝時期的埋葬制度，其中心思想是完全受漢朝以來堪輿學的影響。文獻記載，當時相墓之術風行，帝王尤其相信所謂"望氣"、"風水"。綜合當時盛行的"風水"，實際上即指"背倚山峰，面臨平原"，葬地宜選擇在有恰當地形的地方。

帝王陵寢的風水地勢

帝王陵寢講究風水，從已發掘的墓葬地點看來，均坐擁"背倚山峰，面臨平原"的地勢。圖中東晉穆帝的陵墓便處於兩山環抱的山腰上，面臨開闊的平原，符合風水的規律。根據《晉書》，公元361年東晉穆帝葬於幕府山南面。

已發掘的六朝陵墓位置圖

各朝陵墓的分佈概況，基本上顯示了族而葬的風氣。墓葬集中在建康一帶而齊朝以及部分梁朝的帝王及王侯則葬於南蘭陵（今丹陽）附近，因為這裏他們的家鄉。丹陽的齊梁墓葬有一總口，以大型石刻為標記。

石碑和神道柱
. . . .
這是梁朝靖惠王蕭宏墓的石碑和石柱。
他生前聚歛財富，死後葬儀隆重，此墓
的辟邪雕刻也特別精美。

麒麟石刻
. . . .
單角的石刻神獸是帝王的象徵。這尊石
刻雕刻花紋繁多，極富裝飾美感。四足
的爪趾上揚，配合展翅之狀，造型更見
生動。

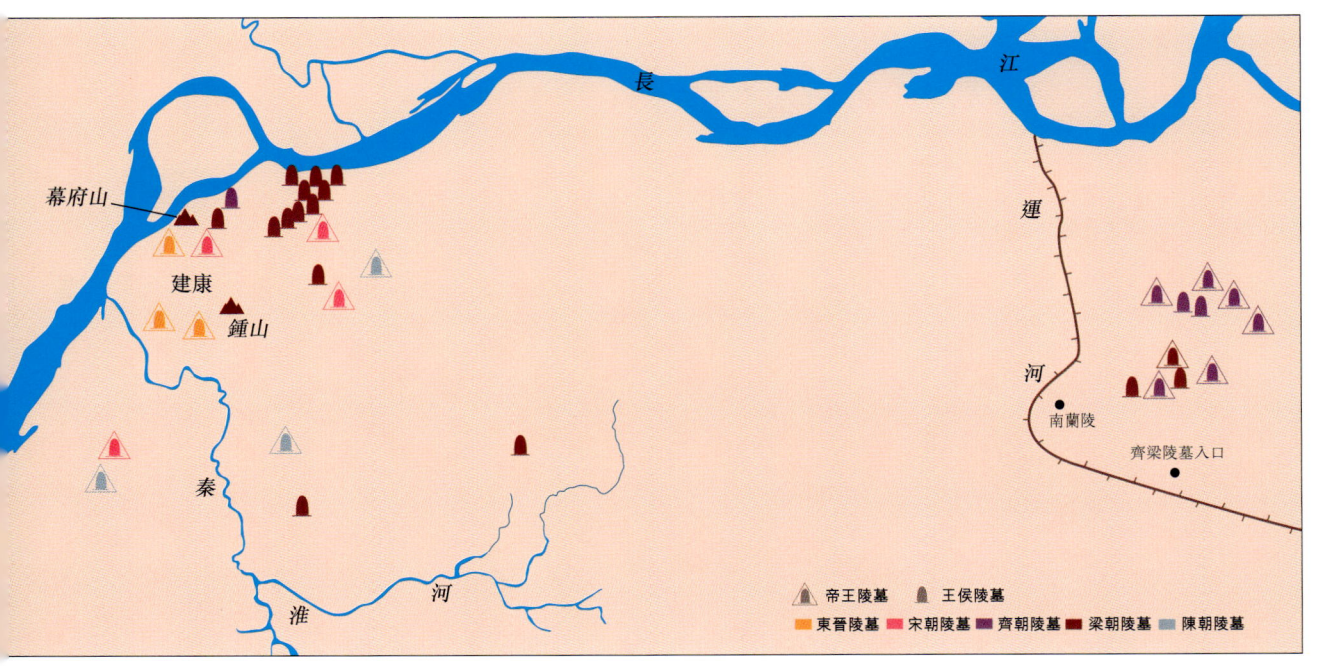

② 陵園石刻與隨葬品

帝陵的石刻和隨葬品是墓主人身分的象徵，也是古代一種等級標誌。從六朝帝陵遺留的石刻和隨葬品，更可以了解當時南方的厚葬風氣。

陵前石刻

古代墓葬前的石刻裝飾，亦屬陵園制度之一。六朝陵墓因破壞嚴重，地面僅留的少量石刻，彌足珍貴。這些地面神道石刻，體制巨大，造型優美，雕琢精緻，是南方石雕藝術的代表作。它包括石獸、石柱、石碑三種，按神道前後次序排列：首為石獸，帝后者均帶角，有雙角和單角之分；王侯者無角。石獸身上均帶翼，應屬神獸。次為石柱，又稱華表，柱首為圓蓋（蓮花座式）；柱身刻瓜棱直線條文，上嵌小碑書墓主人身分姓名；柱礎方形，四周均飾各種花紋浮雕。最後為石碑，碑首圓形，碑身方形，上刻寫碑文，其書法和內容都是重要的歷史資料。

隨葬遺物

發掘的帝王陵墓有十一處，絕大多數被盜掘破壞嚴重，遺物所存無幾。出土遺物雖均殘損，仍能看出厚葬之風。魏、晉及南朝諸帝雖都下詔，禁葬金銀珠玉之物，不准用寶器，要求薄葬。但從幾處陵墓殘留的遺物中皆有金銀器物，且製作極為精美，可知所謂禁令，徒為一紙空文，流於形式。

梁蕭景墓前石獸
雕塑整體上線條流暢，活潑生動

仿西方宮殿
神獸的兩翼

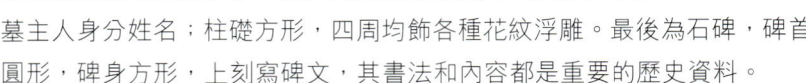

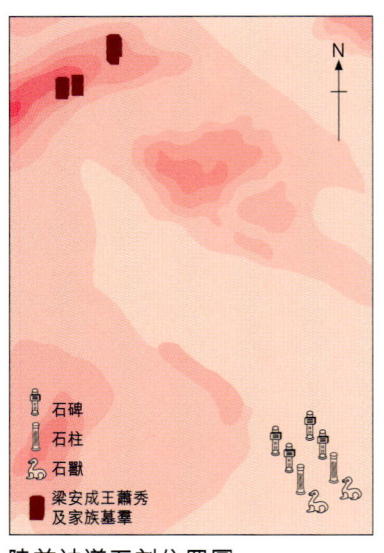

陵前神道石刻位置圖
由於地形關係，神道石刻和墓葬一般相距很遠，但基本上仍在一條中軸線上。以蕭秀及其家族的墓為例，墓地選在山麓距地面10米處，神道石刻則在其東南面1千米的平地上，共有三種石刻依次分佈。

圖例：
- 石碑
- 石柱
- 石獸
- 梁安成王蕭秀及家族墓葬

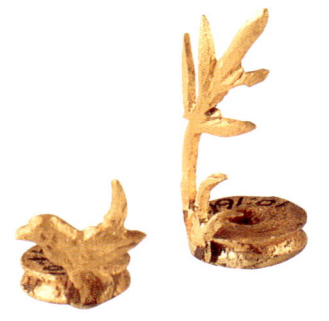

金飾件
江蘇省丹陽市南齊陵墓出土的金飾件，有人、葉及鳥等造型，高度不超過2厘米，小巧玲瓏，應是頭飾上的裝飾品。

陶犀牛
這種形似犀牛的陶獸，多放於墓內祭台前或甬道中，頭向墓門，估計應為鎮墓獸，又名"窮奇"。除頭部伸出一角，背上也有四角，身作犀牛形。

梁蕭景墓前神道石柱

此柱頂有一小石獸立於蓮花紋的圓蓋上，柱身為瓜稜形的直線條紋，與希臘神廟石柱裝飾極似，下為神獸裝飾的柱礎。這種石柱融合了佛教、西方神廟和中國傳統神話的裝飾花紋特點，成為六朝時期中西文化交融的實物見證。

刻有蕭景姓名及身分的神造碑

齊武帝蕭賾景安陵前石獸

① 踏上貴族之路

東漢晚期，高門強族或是世代為官，或是世代儒門，勢力大為膨脹，成為地方上有名的宗族。結合魏晉南北朝的新形勢，豪強世家的宗族社會組織因此崛起，成為左右政治的巨大勢力。選拔人才的九品中正制助長門閥世族勢力逐漸走向頂峰。門閥世族、外族入侵是當時政治和社會上兩大現象，其問題消融後，魏晉南北朝亦告終結。

門閥控制的選官制度——九品中正制

九品中正制是這時期新的選官制度，對門閥的形成與延續有着巨大助力。漢朝末年，原來的選官制度已很難為國家選取人才，九品中正制就是在舊制度破壞後出現的。九品中正制規定，由州郡中正官將當地的人才分為九品，稱為"鄉品"。評為高品的，能擔任"清官"，受人尊重，升遷也快；而品低者任"濁官"，不為人重視，升遷慢。中正官每三年評議人物一次，但也可隨時升降其品第。九品中正制創立早期，定級標準是家世、道德、才能並重，但由於擔任中正官的一般是二品，即上品的人，結果變成由門閥世族把持了官吏選拔的大權，於是評定品第過程中，才能和德行逐漸被忽視，家世 —— 即被評者的族望和父祖官爵，逐漸成為唯一的標準，即所謂"上品無寒門，下品無勢族"。這個制度至東晉南北朝時廣泛使用，官員升遷捨此再無他途。

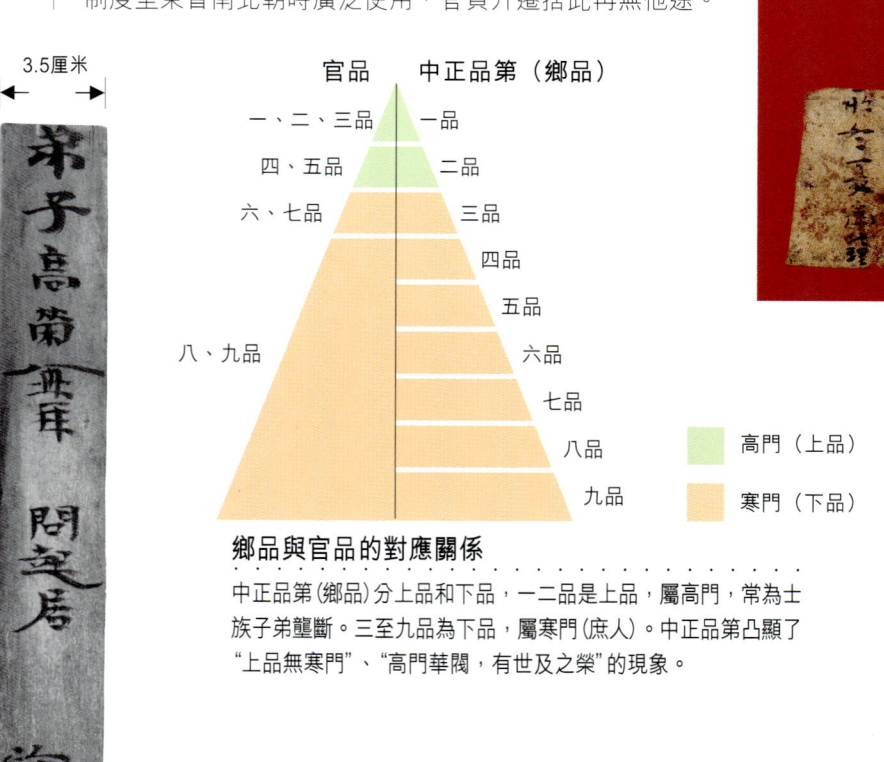

高榮名刺

名刺即今天的名片。魏晉南北朝時代，世家大族之間的交往，很講究出身門第和官位。中原和長江流域的貴族和士大夫在拜謁訪問時，流行出示名刺表明身分。這是三國時吳國高榮的木製名刺，厚達 1 厘米。當他死後，名刺也隨葬墓中，說明當時官場對名刺相當重視，是標明高貴身分的重要形式，也是一種顯示高雅品味的時尚。

3.5厘米

24.5
厘米

弟子高榮 無拜 問起居
沛國相字萬綬

官職，沛國為郡名

高榮的別名

鄉品與官品的對應關係

官品	中正品第（鄉品）
一、二、三品	一品
四、五品	二品
六、七品	三品
	四品
	五品
八、九品	六品
	七品
	八品
	九品

高門（上品）
寒門（下品）

中正品第(鄉品)分上品和下品，一二品是上品，屬高門，常為士族子弟壟斷。三至九品為下品，屬寒門(庶人)。中正品第凸顯了"上品無寒門"、"高門華閥，有世及之榮"的現象。

被評者 → 州郡中正官品評 → 確定鄉品 → 司徒府覆核吏部選官 → 授官

品第選官的過程

門閥世族特權合法化

隨着九品中正制的推行，士族在政治上的特權被合法化、制度化，門閥世族大批登上政治舞台，掌握了國家大權。他們的子孫一直"衣冠"綿延不絕。到南朝時期，鄉品的評定與官員的選拔更重家世，任官全憑門第，士族門閥盤踞高官重位，還得到法律上的認可。當時譜牒之學*盛行，朝廷任命官員必須考慮入選者的門第，因此擔任選拔人才的吏部官員一定要熟悉"百氏"（家譜）。隨着士族勢力的發展，"高門華閥，有世及之榮；庶姓寒人，無寸進之路"，當時的世家大族成為炙手可熱的社會階層。

文官俑

文官俑

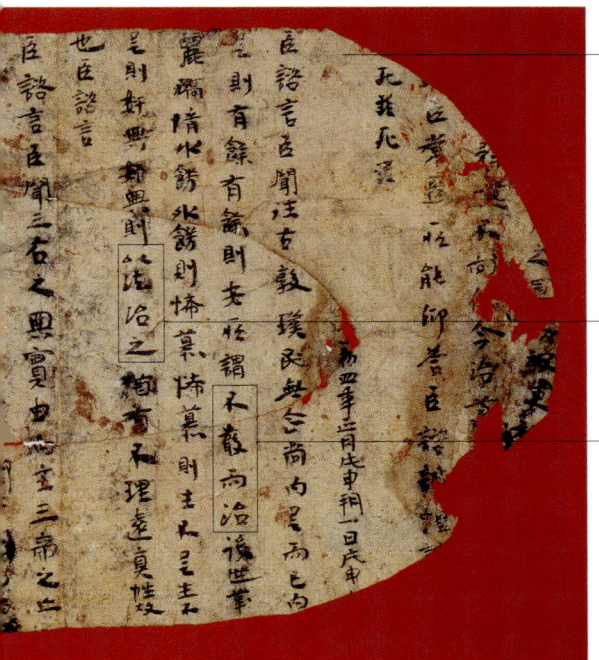

— 被剪裁成鞋樣的答卷

諮認為往古民風敦璞，可"不嚴而治"；"後世華麗"，故需"以法治之"

南北朝的門閥地位顯赫，政治圈內莫不是名門望族。這是在墓葬出土的官吏俑。

選拔秀才對策文

這是十六國的西涼在涼州地區策試秀才的試題和考生的答題殘件，西涼實行與漢魏相同的選舉制度。東漢以後，世家大族將選舉秀才作為擴大政治勢力的手段。當時西涼國王李暠也是河西大族，在教育上，在選舉秀才上，也優待世族子弟。秀才諮，其姓氏已失，作為涼州推舉的秀才，應出自世族。

平東將軍章金印

平東將軍章金印印文

平東將軍為漢魏時設的官職。南北朝時期的門第貴族，很多就是東漢晚期以來的世襲高官。

② 門閥世族與皇帝共治天下

在南北分裂時期，世家大族政治達到鼎盛，門閥的作用顯現出南北差異。相對於南方，北方的門閥制度並未得到充分發展。東晉偏安江南，轄地縮小，士族強盛，皇權式微，加上外有異族強敵，門閥政治因此表現得更充分和典型。當時，最有權勢的世家大族控制了政權，形成與皇帝"共天下"的局面。

名門世家遍及南北

士族在南、北方的政權中，都起着不同程度和形式的作用。南方方面，西晉滅亡後，中原望族隨晉王室南遷，形成"僑姓士族"，他們與土著士族聯合，控制了南方的政權。北方方面，沒有隨晉室南遷的士族，一部分流寓河西，一部分滯留本土。少數民族統治者為了鞏固自己的地位，實行漢化，需要漢人士族的統治經驗和文化知識，於是聯合漢族世家，共同治理國家。北朝的世家大族為了取得少數民族統治者的信任，也能勵精圖治，特別是在北魏孝文帝制定姓氏、實行全面漢化的時期，他們起了積極的作用。然而，胡、漢雙方雖有共同利益，但也有深刻矛盾。及至政權穩固以後，胡人貴族懼怕漢族勢力膨脹，開始抑制或打擊漢族勢力。

東晉門閥政治的極致

門閥政治的鼎盛，在東晉時期達到極點。少數民族入主中原，晉室南渡，偏安江左，喪失了統治權威，避亂南下的門閥世族正處發展的高峰期，於是雙方開始了政治上的結合。當時作為皇帝的司馬氏與為臣的王氏家族關係密切，他們"名器相予"、"御床與共"，出現"王與馬，共天下"*的局面。稍後"王與馬"的局面雖然改變，但門閥政治依然存在，只是變成了別的家族取代王氏而與司馬氏結合的另一個"共天下"的形勢。東晉一朝，政治權力主要由世家大族控制，這是門閥政治的一個典型、具體的表現。但"王與馬，共天下"僅僅出現在東晉，北方以及東晉之後的南方並沒有這種現象。

高潤墓舉哀圖

相對南方而言，北方世族的力量較弱，皇族地位也較為突出。北齊統治者是鮮卑化的漢人，高潤則是北齊四位皇帝的弟弟，地位崇高。這幅畫繪墓主人端坐幛帳中，侍從分立兩旁舉哀，其所用儀仗的規格不見於外戚貴族的壁畫上，側面說明其身分的尊貴。

墓主人高潤，眯着眼睛，即將去世

羽葆，以鳥羽聚於柄頭，是葬禮儀仗

華蓋，用於帝王車上的傘蓋

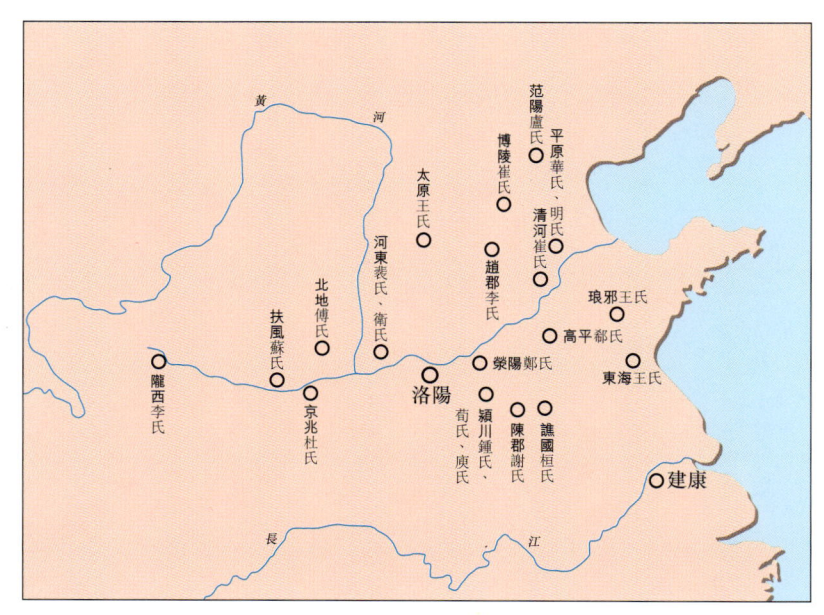

司馬氏與士族"共天下"的形勢

東晉皇帝	家族及郡望	家族代表人物
元帝司馬睿、明帝司馬昭	琅邪王氏	王導
成帝司馬衍、康帝司馬岳	潁川庾氏	庾亮
穆帝司馬聃、哀帝司馬丕、廢帝司馬奕、簡文帝司馬昱	譙國桓氏	桓溫
孝武帝司馬曜	陳郡謝氏	謝安

- 原籍貫
- 官職
- 葬地

王興之(左)及其子王閩之(右)墓誌拓片

在南京象山發現的王氏家族墓共九座，墓誌文字列述其家族官職及淵源。琅邪王氏一族是隨晉室南渡的世家大族之一。南遷後，他們仍保持着其政治地位的優勢。王興之是左僕射王彬之子，王閩之是其長子。

中原大族郡望的分佈

*王與馬，共天下：晉室南遷後，南方的東吳士族並不歸附朝廷，新政權只因為得到中州士族的代表王導家族的支持，才得以站穩腳跟。後來，王導協調了中州士族、江東士族及皇室司馬氏之間的利益關係，共同支持北伐，雙方於是開始了政治上的結合，當時人稱"王與馬，共天下"。

小辭典

聚族而葬的南方大族
——周處家族墓地

魏晉時代,南方門閥世族都喜歡生前聚族而居,死後聚族而葬。他們死後,又往往得到皇帝賜贈衣冠服飾、金銀器甚至塋田,所以世家大族往往隨葬品豐厚,葬地山崗連綿不絕,塋墓更是最好的"風水寶地"。這種墓葬情況在周處家族墓便有突出的反映。

周處是西晉名將,自他的父親開始,到他的孫子,周氏家族經歷三國吳到西晉,是江南著名的門閥士族,四世顯著。周氏墓位於今江蘇省宜興市宜城鎮周墓墩,佔地5.7萬平方米,現已清理六個墓,包括周氏五世:周處祖父、父親、周處和三個兒子及兩個孫子的墓。同許多厚葬的大族墓一樣,周氏的墓葬豐富,而且都是有甬道的磚室墓,這是漢朝以來貴族墓葬建築的特點。當時宜興南山窰燒製的瓷器遠近聞名,是南方大族的奢侈品,這類瓷器在周處及家族墓中都有出土。此外,還有金飾、銅鏡盒等珍貴文物。

張口含珠

長毛狀凹紋

青瓷神獸尊
神獸尊出自周處父親周魴的墓,是西晉青瓷器中少見的塑瓷,堆塑技巧非常成功。

周處家族任官、封侯情況

與周處的關係	姓名	官職	封侯
父親	周魴	東吳鄱陽太守 西晉臨川太守	關內侯
本人	周處	西晉御史中丞 平西將軍(卒後追贈)	孝侯(謚號)
兒子	周玘	西晉吳興太守	烏程縣侯
兒子	周札	右將軍 都督石頭水陸軍事	漳浦亭侯 東遷縣侯
孫子	周贇	大將軍從事中郎	武康縣侯
孫子	周縉	太子文學	都鄉侯
孫子	周懋	晉陵太守	清流亭侯

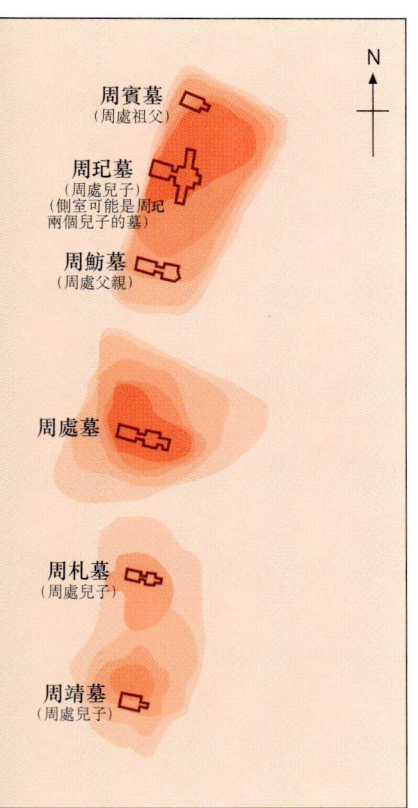

六朝帝王曾申令禁止厚葬，但像周氏等大族的墓葬雖曾被盜，卻仍有很多金銀器隨葬，可以看出厚葬的風氣並無退減。

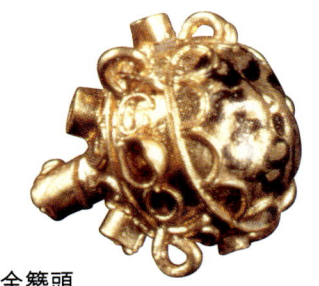

金簪頭

凸出的圓孔滿佈簪頭上，或許原是鑲嵌小珠或其他寶石之處。

金葉形佩飾

這是貴族婦女佩戴金飾的組成部分，可能是髮簪的裝飾。

金錢

金幣只在少數區域流通，如兩廣地區。這枚中央鑄成方孔的圓錢重1.42克。金幣在士族的生活中非常普遍和流行，但這應不是真實流通的錢幣，只是專為死者在冥間使用而鑄製的。

金珠

這種粟狀金珠，應是金釵或飾件上的裝飾，每粒約重1.5克。

宜興周氏家族墓地圖

周氏家族墓葬位於一窄長的小土山上，高於地面4～6米。六個墓由南至北排成一列，顯示當時世家大族都是聚族而葬，又普遍按照長幼尊卑的輩分排列。但破格的情況也偶有出現，如周玘墓便夾處於他的曾祖周賓與祖父周魴的墓地之間。

墓室畫像磚

六朝士族的墓葬多為磚室墓，墓磚上盛行刻上紀年文字及紋飾。

蓮花

瓶花

① 士族的特殊地位

世家大族取得政治權力後，制訂了一系列對自己有利的制度，以保障他們的特殊地位。以此為憑藉，豪強大姓搶佔田土，建立莊園，修造別墅，蔭附人口，擁有雄厚的經濟實力。這反過來令他們在政治上更具權勢，進而在各方面可以再度擴展利益。於是，士庶之間的差別就越來越大，兩者的界限幾乎不可逾越。這種界限，表現於政治上、經濟上，還反映在婚姻等社會現象上。

土地兼併與人口蔭附

世族的經濟特權有制度上的保障。世家大族擁有的土地主要來自官府賞賜。三國時代，士族地主土地私有制迅速發展。西晉頒佈佔田與蔭戶制*後，私人侵佔土地、蔭附人戶合法化，事實上士族地主私有土地等於不受限制，這樣，門閥佔有的田地與人口大量擴充。東晉南朝繼續沿用西晉法令，對南遷的士族地主，還設立僑州郡縣以保他們的郡望，甚至還給予他們土地和額外的人口，並按官品高低定其可侵佔山林川澤為私有的數量。由於兼併土地與佔有勞力，致使世家大族不僅在政治上居於累世公卿的優越地位，在經濟上也居於佔有廣大耕地和山林川澤以及奴役農民的特殊地位。

士族聯姻

高貴的血統，是士族賴以取得特權的方法。士族間為保持血統純正，彼此互結婚姻，成為當時社會的普遍現象。士族在鞏固權力的血緣關係上，利用婚姻結成門閥，相互聯結把持朝政，與庶族則劃定嚴格的界限，互不通

土地面積：
"地三頃"

土地價值：
"直(值)錢三百萬"

買地券

南方流行在墓裏放置買地券的習俗，記載墓主人擁有的土地面積與價值，死後向冥界登記以圖"合法"，反映了墓主人繼續佔有土地的願望。這是一塊鉛質的買地券。

劉岱墓誌銘

劉岱是南齊士族地主，在他的墓誌銘上，列出了他的高祖、曾祖、祖父及父親都是與當時的望族結姻親，如趙氏、檀氏等。

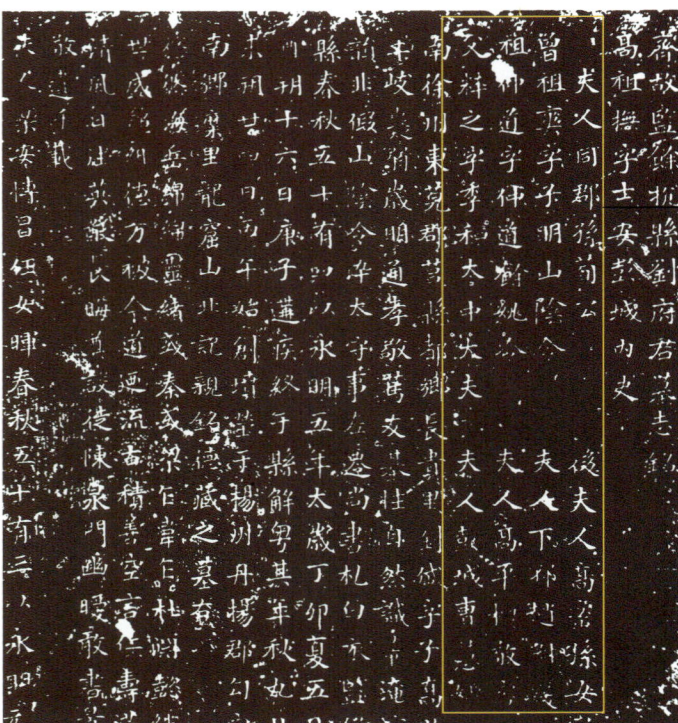

劉氏家族四代的聯姻情況

婚。就連東魏叛歸南朝的大將侯景，請求與南朝第一流高門聯姻，梁武帝也只能說：王、謝門第高，不合適，可以找次一等的。至於原來沒有門第觀念的北方皇族，出於政治需要，也和士族聯姻。例如北魏孝文帝就曾納范陽盧氏、清河崔氏等望族的女子為妃。當時世家大族的官品升降，全憑門第。為了顯示與保持門第的優勢，世家大族不僅聯姻，並且注重譜牒之學，以標榜家世。到了南朝，士族門閥盤踞高官重位，還得到法律上的認可。世家大族幾乎世世代代永居高位，其主要原因就是他們長期保持了相互聯姻的關係。

士庶之別

魏晉時代，世家大族幾乎在所有領域都擁有特權，與一般人保持懸殊的等級差別。南朝早期，政府法例規定"甲族以二十登仕，後門（寒門）以過立（三十歲以上）試吏"。世家大族可豁免租調和徭役，一般平民則必須承擔，對農民而言，力役之苦更甚於租調。士族的生活窮奢極慾，百姓則貧困不堪。士族和平民貧富分化，形成鮮明對比。在南京近郊發現當時的一些貧民墓，僅能容納死者一人，在墓底只鋪磚一層，除少量的隨葬陶器外，一無所有，與世家大族墓有天壤之別。門閥士族的等級觀念異常強烈，士庶之間不但不能通婚，甚至平時都不並坐交談。

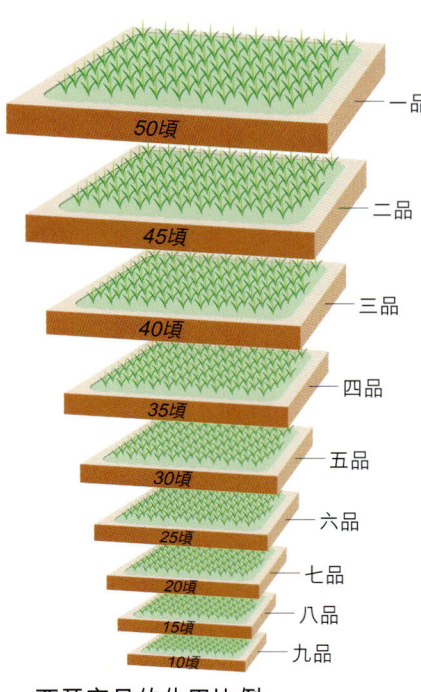

西晉官員的佔田比例

第一品可佔田五十頃，以下每降一品遞減五頃。

龍首形柄，前爪扒住壺口，頭向內伸探，猶如吸水

這兩組分別是平民和世家大族用來隨葬的生活用具。平民使用陶器，世族則用高質量的青釉瓷器，追求美觀的風格。這些隨葬品間接說明兩者的社會地位的差距。

釉陶食器

黃釉四繫龍柄壺

青釉貼花蓋壺

*佔田與蔭戶制：西晉政府規定農民有權佔地的最高數額，還規定官員可按照品級佔有田地及蔭庇人戶。佔田不足者可按規定設法補足，已經超出者則不會沒收。這種制度總體上還是對士族有利。

小辭典

② 沃土連綿的園林化大莊園

莊園的存在是這時期一個顯著的經濟和社會現象。當時的莊園不單是富豪家宅或私家園林，還是一個糅合生產、作戰性質的綜合性組織，是世家大族的據點。莊園有大有小，但都具有自給自足的自然經濟特色，一定程度上可以說是當時政治、經濟、文化各方面的綜合產物。莊園盛行於東晉南朝，在南方較多，北方較少。

莊園生活不假外求

從三國到東晉，世家大族兼併大量土地，建起了自己的莊園。經過長期的經營與開發，有的莊園規模龐大，由此發展起來的莊園經濟，是一種自給自足的自然經濟。山墅周圍，沃土連綿，"阡陌縱橫，膵埒交經"；水旱作物，蔬菜瓜果，應有盡有；更有蠶麻桑紵，紡紗織布；甚至還能砍伐竹木，燒炭製磚，營造房屋，釀酒採蜜。在這樣規模巨大的田園農莊裏，農林牧副漁一應俱全，除了鹽以外，一切生活必需品均可自己生產製造而無須外求。"僮僕成軍，閉門為市，牛羊掩原隰，田地佈千里"，是莊園景象的形象寫照。

莊園小院

這是莊園內的一個小院範圍，種植了不少樹木，成為乘涼休憩的好地方。畫中的一棵參天大樹，人和鳥獸各自活動其間。表現了農家莊園中平靜安怡的景象。

烏鴉

紅嘴鸚鵡　　大猿猴

佈局追求自然情趣

魏晉南北朝時代，世家大族身處亂世，朝不保夕，一些人便縱情山水來逃避政治。他們希望在生活居住區周圍享受到山林野趣，於是莊園同時又成為士族遊樂、隱逸的好去處。南朝劉宋時世家大族佔有山林川澤合法化，於是莊園不但擁有了耕地，而且還能將山澤也納入其中。當時莊園向園林化方向發展，但又追求自然，努力營造出自然情趣。不少莊園聚石引水，植林開澗，更有直接利用自然山水者。會稽郡因"千岩競秀，萬壑爭流"，成為士族建立莊園的首選之地。建在這樣的地方的田園農莊，無怪乎會讓世家豪族樂於長期屯居。

紹興東湖今貌

紹興當時稱為會稽，被東晉名畫家顧愷之讚為"千岩競秀，萬壑爭流"。會稽和建康都是南渡大家族喜歡聚居及選擇風景佳好處建園林的地點。

車馬出行圖

世家大族壟斷了社會的大部分資源，生活條件優裕。大規模的車馬出行除了玩樂，也可顯示身分。

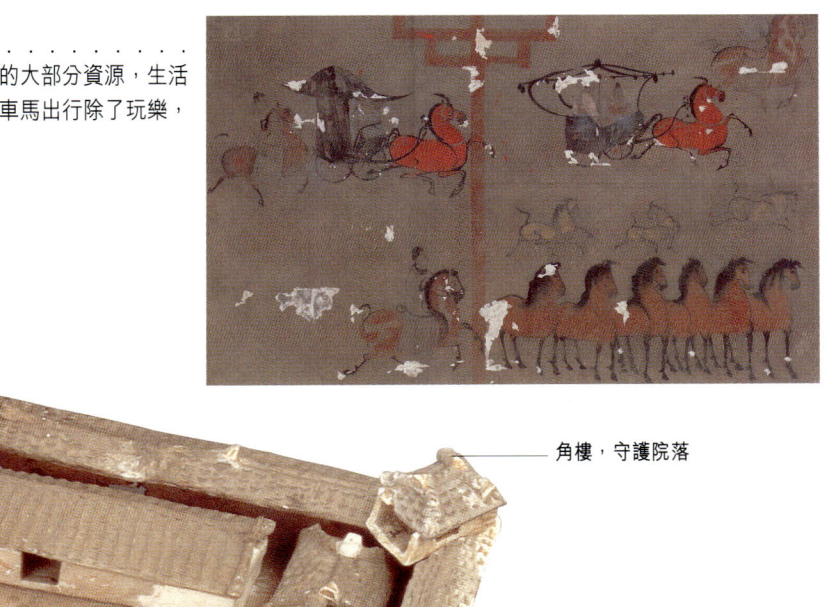

正房

廂房

角樓，守護院落

廂房

門樓，內部就是前廳

陶院落

這件陶院落是模仿當時的建築形式製造的。

這件陶院落是模仿當時的建築形式製造的。

③ 自給自足的大莊園

陶豬
家畜飼養是莊園重要的
經濟來源之一。

魏晉南北朝時代，由於北方經濟破壞、南方土地開發和社會動亂，加上商品經濟和貨幣經濟的衰落，社會上普遍流行實物貨幣，莊園的自然經濟因而應運而生。江南地區在土地所有制基礎上形成了莊園經濟，其範圍往往跨州越縣，園中經營農、林、牧、副、漁等，無所不有。在北方，到北魏中期莊園較為普及，其發展趨勢及特點與南方大致相同。無論南北，在莊園內，為適應戰爭需要，積蓄足夠的自保能力，自給自足的生產方式是當時最恰當的經濟模式。

自給經濟的生產內容

莊園涉及的生產活動相當廣泛。農業居重要地位，當時的莊園已配備了比較齊全的農具，還採用了先進的畜拉鐵齒耙等。莊園中畜牧業的重要性不亞於農業，飼養的牲畜以馬、牛、羊為主，六畜齊全。蠶桑業也是部分莊園重要的生產項目，當時許多莊園還有釀造、製陶業。漢朝實行專賣的鹽、鐵、酒，在這時也多被打破壟斷，除了鹽之外，莊園內可自行製酒、冶鐵。

甘肅嘉峪關墓葬壁畫生動反映了當時北方莊園的經營狀況。從壁畫可以看出，莊園中的生產項目有農業、畜牧業和蠶桑業，還有果木種植和釀造業等項目。壁畫中出現大量從事蠶桑的婦女、兒童，充分表明河西莊園對蠶桑的重視。南方大莊園也非常富足，以致當時的文人紛紛著文稱頌，例如謝靈運在《山居賦》介紹其莊園"左湖右江，往渚還汀；面山背阜，東阻西傾"，可見規模之大。

生產規模和水平

魏晉時代，莊園的生產規模和水平都是驚人的。南方莊園佔地跨州越縣，面積將近萬里，煙火連接，比屋而居。三國吳時期，孫堅弟弟孫靜"糾合鄉曲及宗室五六百人，以為保障，眾咸附焉"，蔭蔽了大量人口。在食物方面，南朝的糧食作物與蔬菜瓜果、北朝的大田作物與果蔬林木都足以保障自給；日用品除製鹽業為政府壟斷外，其他如紡織、製茶、製瓷、造紙、釀酒等均無須外求，除供自己消費外，還有少量多餘的可供給市場。無疑，莊園內自給自足的經濟模式對當時生產發展產生了決定性的影響。

攢尖式屋頂

陶倉模型
每個莊園都建有巨大的糧倉。為了防止糧食潮濕變質，糧倉很重視通風設施，都闢有窗戶，以保證糧食的質量。

莊園主的經濟憑藉

莊園主富甲一方，這成為他們在政治、軍事及社會上爭取更大利益的憑藉。東漢末，曹操逐鹿中原，李典便率宗族和部曲、馬匹等至鄴，以助曹操。北魏時期，由於塢壁經濟勢力強大，宗主被委以重任，形成以宗主督護制為基礎的地方基層政權，宗主獲得政治權力，擔當起既是族長又是地方官員的雙重職務。兩晉時代，江南周玘率宗族家兵"三定江南，開略王業"，周氏家族七人封侯，顯赫一時。

懸山式屋頂，雙簷上翹

通氣窗，定時開啟通風

畜牧畫

這件畫像磚描繪牧童放牧牛羊。

朱書題榜 "牧畜"

配種

配種是為了改良牲畜品種，可見當時的畜牧業已成熟。

狩獵

在西北部的遼闊土地上，野生動物多，狩獵是一種很普遍的謀生活動。畫中人策騎射獵，在一匹飛馳的馬上發箭。

濾醋畫

釀造也是莊園副業，以釀酒和製醋較為普遍。這件畫像磚繪長几上面有三個濾醋罐，醋正注入几下陶罐內。

採桑畫像磚

蠶桑業是莊園的副業。

無處不在的士族勢力
④ 莊園主的豪華生活

士族莊園是魏晉時代政治、經濟特權與隱逸文化相結合的產物，其主人多為士族豪強，他們身在朝堂，但寄情山水，他們在都市紅塵中構築模仿自然的園林，使自己能享受到山林野趣；莊園內自給自足，莊園主又有私人的武裝力量，以資保衛。莊園成為莊園主招待故舊及娛樂的場所。

貴族生活圖漆盤

從畫中的背景佈置，可知描繪的是貴族家居的生活場景。畫面分上中下三層，上層是宴賓圖，中層是其他家庭成員的日常生活，下層為郊遊圖，非常真實地呈現出貴族的各種休閒活動。

莊園是世家大族的據點

依托於經濟實力建立起來的大小莊園，其主人多為士族豪強。這些人或為當地著姓，擔任地方屬吏，仗其勢力左右一方局勢；或為高門華族，出任朝廷官職，參與國家政治。即使是沒有一官半職的，也因為出身高門與具有經濟實力，能享受舒適的莊園生活，具有較高的社會地位。世家大族佔有土地和人口的特權，可以在莊園上得到充分反映。

莊園中聚集了大量的土地與勞動力，莊園的強大經濟實力，除了可以支持主人的揮霍之外，也可形成一種對國家政權產生影響的力量。隨着江南大地主莊園經濟的發展，特別是北方南遷大族僑郡蔭蔽了大批人戶，致使越來越多的人戶不受國家控制，不交賦稅，不服徭役，這樣，莊園與國家間的矛盾、衝突不斷擴大。政府於是不斷採取措施，實行"土斷"*，整頓戶籍，與士族豪門爭奪勞動力。

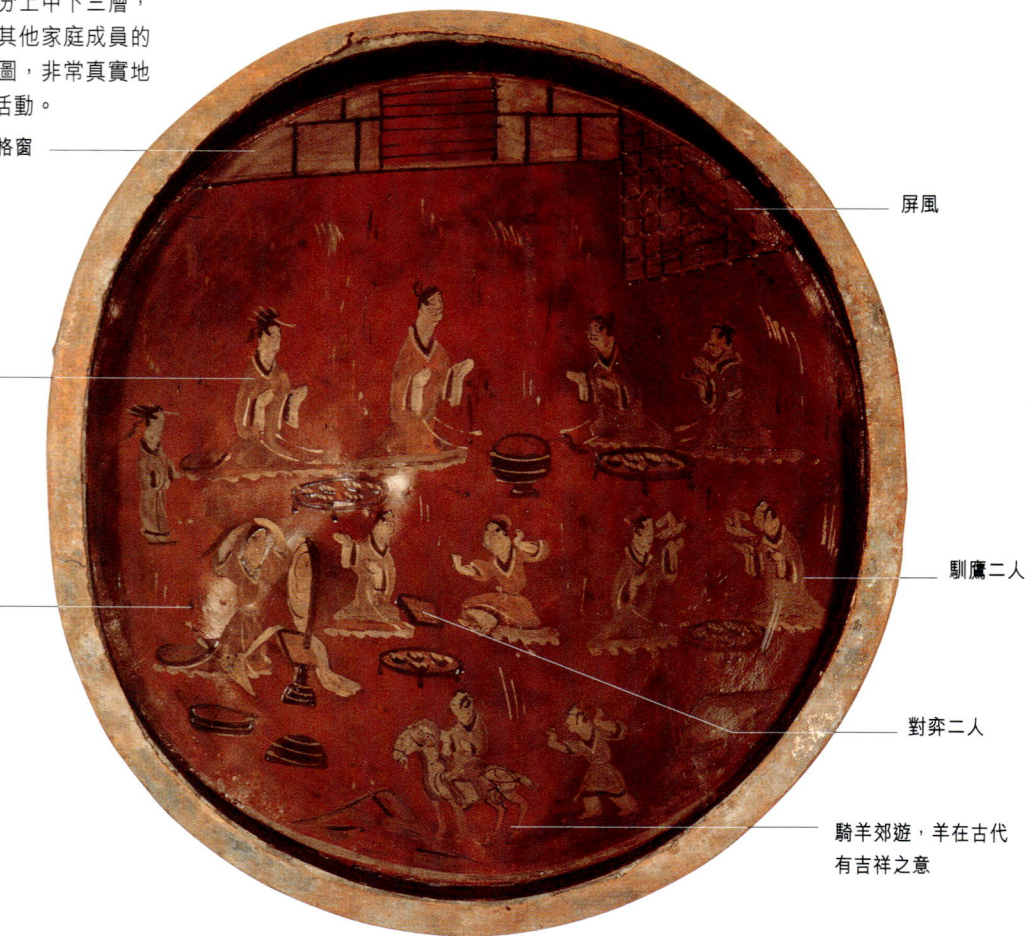

格窗

屏風

男女主人與賓客對坐

馴鷹二人

女子對鏡梳妝

對弈二人

騎羊郊遊，羊在古代有吉祥之意

享樂生活

魏晉時代，出現了許多娛樂活動，例如樗蒲、圍棋、彈棋等。

樗蒲是一種講求技巧的賭具，士族階層經常用它進行豪賭，往往一賭就是數百萬。東晉溫嶠沒作高官時經常與揚州、淮中一帶的商人以樗蒲賭博，其中一次輸得很慘，無法脫身，只得喚好友庾亮拿錢贖人。

魏晉時期是中國圍棋發展的重要階段，當時圍棋活動遍及大江南北，深得士族喜愛，並已開始對棋手進行分品定級，仿照政治上的九品中正制，將棋手分為九品，宋明帝竟被評為三品。將棋手分品定級，這在圍棋發展史上是一件大事。

貴族婦女流行梳假髻，此為雙鬟髻

梳丫形髻的侍女，此為稱呼"丫鬟"的由來

碁子方褥，即隨身坐氈

笏頭履，特徵是鞋的前部高聳

貴婦出遊畫像磚

魏晉南北朝時期有不少出行圖，是貴族生活的最佳寫照。出行圖多是莊園主人率領隨員，聲勢浩大；而這幅出遊圖則更見生活氣息，前頭兩人作貴婦打扮，一人執扇。

六博圖

六博是西晉時十分流行的博戲。從畫面二人的動作看來，他們正在擲采下棋。

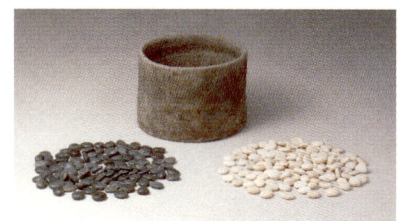

石圍棋子

這是西晉文人學士使用的圍棋子，也是中國迄今發現較早的圍棋子。在今山東鄒城市西晉永康二年（公元301年）劉寶基中發現。以黑白石子磨製，共二百七十二枚。

魏晉時代流行的便面，用以遮面

宴飲畫像磚

畫中男子進食時仍手持便面，這應是當時與客宴飲時的風度和禮儀。

*土斷：東晉初年，為安置南下的北方流民，政府設置了僑州郡縣。流民在僑州郡縣裏不列入當地戶籍冊，以別於土著，並且不負擔賦稅徭役。後為明考課，定稅收，政府便以流民居住地區為籍貫，將他們變成土著居民，追繳賦稅，稱為土斷。這為政府檢括出不少人口，增加了財政收入。**小辭典**

無處不在的士族勢力
⑤ 莊園中的依附民

動亂年代，不少自由農民為了自身安全和生活，托庇於世家大族，成了莊園主的佃客和部曲，接受奴役，平時為地主耕種，戰時作戰。

莊園中的依附民可分佃客、部曲、奴婢，還有則是從個體農民轉化而來。這些人戶蔭庇於莊園主，不屬於國家的編戶齊民，不負擔役調。比照東漢莊園中的"下等人"，兩者的劃分情況基本相近。但魏晉南北朝時蔭庇戶對莊園主的依附關係，較東漢有更大發展，這也反映出新的時代特點。

炊事揉麵圖
女僕跪於廚房地上揉麵團。在西北地區，因受當地飲食習慣的影響，麵食是主糧。

奴婢
奴婢在莊園中地位最低。他們沒有人身自由，屬於莊園主所有，如同牛羊一般是主人的"私產"，可以買賣。奴婢逃亡或反抗，要處以極刑。這類人也可以說是整個社會的最底層，生活自然最為痛苦。

佃客與部曲
由於戰亂，無力自守的自由民往往投靠莊園主，求取保護以圖生存。他們失去土地後，漸漸與莊園主產生了人身隸屬關係，成為佃客。部曲原是軍隊的編制稱號，後來指大族豪門的私人武裝。隨着部曲的私兵化，部曲與主人之間也產生了隸屬關係。魏晉南北朝時代，佃客與部曲已逐漸混同。大抵從事生產活動性質的，多稱佃客；從事軍事活動性質的，多稱部曲。雖然佃客、部曲的地位比奴隸要高一些，但同是屬於主人的依附民。

個體農民轉化為依附民
個體農民原本是地主莊園以外的自耕農，他們由屯田的屯民轉化而來，為數不少。個體農民有的擁有自己的一份田地與家產，有的租種莊園主的土地，是國家租稅、徭役的主要承擔者。他們名義上是社會獨立的農戶，實際地位與莊園內的佃客、部曲相差無幾，極易因為貧困而依附於豪強大族，被併入莊園之內，轉為依附民，甚至債務奴隸。魏晉時代，個體農民是莊園依附民的重要來源。

煮食器皿　　煙囪

進柴口　　　**青釉灶**

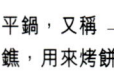

平鍋，又稱鏊，用來烤餅

簸糧陶俑背面

持刀陶俑
這兩個西晉陶俑，是莊園部曲的形象。

女僕陶俑

簸箕是揚米
去糠的工具

簸糧陶俑
這個北齊的陶俑手持簸箕，應是負責莊
園雜務的奴婢。

青瓷女跪俑
魏晉時階級觀念根深蒂固，隸
屬於莊園主人的奴婢，卑躬屈
膝，地位低賤。

⑥ 莊園的防禦——塢堡

由於戰亂頻仍，盜賊蜂起，士族豪強為求自保，以宗族、鄉里關係為基礎建立塢壁（又稱塢堡）。當時的塢壁是一種武裝單位，又是一種經濟單位，甚至還是一種基層政權組織單位。在戰亂的北方，塢壁一度成為百姓生存的主要組織形式，在社會生活中佔有重要地位。而豪強擁塢自守，可以成為地方上有力的軍事勢力。

塢壁的防禦功能

塢壁其實是加強了防禦的龐大院落，可以容納許多人在其中據守，躲避一段時間。莊園中有塢壁作防禦，豪強亦屯聚宗族建塢。塢壁一般都建在地勢險峻之處，如山頂平地及有溪澗水源的地方，這樣既能據險而守，又可耕種灌溉。當然也有在平原、河邊建塢的。與城邑相比，塢壁面積小，但城邑不易守，塢壁卻能起到城邑不能起到的防禦作用。一旦受異族鐵騎的攻擊，盜賊流寇的抄略，人們便可據塢而守。等到敵人離去，危險解除，人們又可出來耕種。

護領短袖皮甲，甲上有鈴形裝飾

氈帽，帽後沿長，可保護後腦部分

鈴鐺

出行圖

在反映莊園生產生活圖景的墓葬壁畫中，出現武裝人員列隊行進的場面，這一方面可作莊園主擁有武裝力量，或與武力量有某種關係，擔任一定軍職的推測，另一方面也可認為是莊園融經濟功能與軍事功能為一體，莊園中的人員"且佃且守"，"出戰入耕"。

較高級的前導人員　　騎馬持兵器的部曲

彩繪騎士陶俑

魏晉南北朝時期，位於黃河以北以及長城以北地區的世族大莊園，也組建騎兵保衛莊園的安全，而且一般都是輕裝騎兵。這件北齊東安王妻叡墓中的隨葬陶俑，裝束輕便，便於行動。戰馬沒有披甲，是典型的輕騎兵形象。

塢壁與世家大族

塢壁既以宗族鄉黨為單位，塢主自然大多由控制宗族權力的士族豪強擔任，但也可以通過舉薦產生，有些塢壁可不為塢主所有。大小塢壁或聯結成塢堡羣，推舉出"統主"。塢主對塢中成員起督護作用，具體主持塢壁內的各項事務，安排生產與生活，指揮守備與作戰。士族控制下的塢堡甚至可以成為一方霸主，並參與當時的軍事紛爭。他們憑雄厚實力，以武功為自己開闢政治道路。這也是世家大族興盛的一個原因及其與時局的獨特關係。

守衛圖畫像磚

塢門前站立一個手持木棍的男子，右邊樹下蹲着一隻狗，正在為主人看守莊園。

塢壁與北方的異族政權

在北方，塢壁數量極多，分佈很廣。大小塢主對於少數民族統治者，有依附的，也有對抗的。由於塢主是地方上有力的軍事力量，一般來說，只要塢主承認異族統治，異族政權也會承認他們，甚至還要借重他們的力量。塢主亦可憑藉自身實力，游離於各種政治勢力之間。但由於塢主蔭附大量人口，事實上是在與國家爭奪勞動力和經濟力量，因此異族統治者往往採取種種限制措施，雙方有時甚至發生激烈衝突。

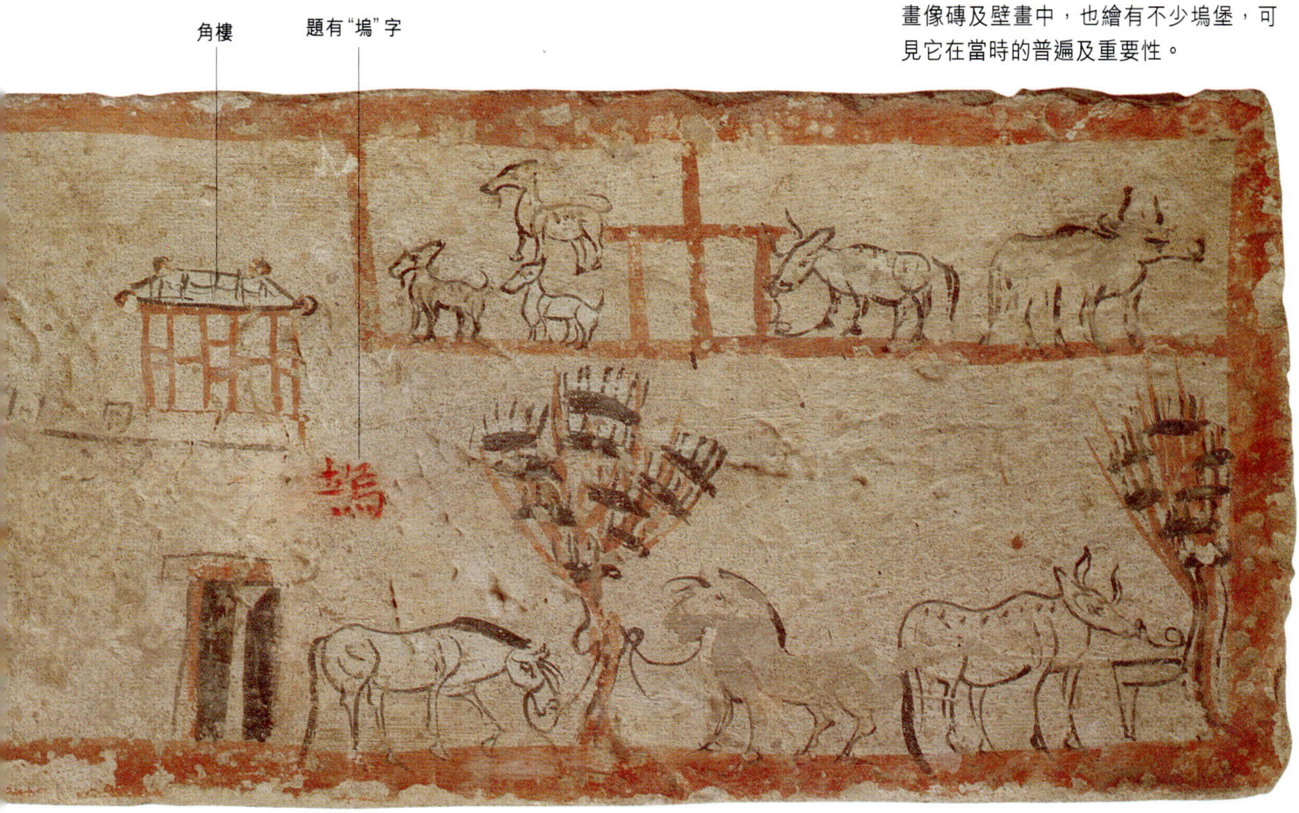

塢堡畫像磚

畫像磚及壁畫中，也繪有不少塢堡，可見它在當時的普遍及重要性。

角樓　　題有"塢"字

① 衣冠之族的衣冠

自有階級以來，衣飾就不單是禦寒遮體之物，還是社會地位的標誌。魏晉南北朝既然是等級森嚴的時代，服飾的等級規定自然十分嚴格。當時法令規定，皇帝后妃，三品及六品以上，以及六品以下官員和普通庶民，其衣冠無論在質地、式樣、顏色、大小等等方面都有細緻的區別，絕對不准逾越。世家大族的衣冠服飾，繼承漢朝以來禮儀所定，式樣多種，尤其是上層世族門閥的服飾，更是豐富多彩。

南方世族的衣飾面貌

南朝皇帝和大臣，在重要慶典時均要着冕服，冕旒數量各有不同。平時帝王和世族大臣所戴之帽為冠，如通天冠、遠遊冠、進賢冠、高山冠等。包裹頭髮的巾原先一般為庶人所用，魏晉南北朝時代反倒成了文雅的象徵，變為士族名士的頭飾。東晉謝萬就曾着白綸巾去拜見會稽王司馬昱。當時男子的髮式，有丱角、散髻等。婦女上身着襦、衫，並有帔（披）肩，下身穿長裙和褲褶。婦女的各種飾物，如步搖、鈿、釵、簪、指環等，考古亦有發現，當然這些多為貴族女子佩帶。南朝王公貴族、高門華閥對服飾十分講究，他們玄冕素帶，朱紋青綢，腰懸玉玦玉珮，飾金銀之珠。夏穿綺襦紈褲，冬服黑貂白裘。至於士族男女 的履、屐、屩、靴、襪等，也種類繁多，品質各異，或在不同場合着不同鞋靴，或因身分不同而質地不同。

《洛神賦圖》中的世家大族男子形象
他穿着寬袖闊袍，踞坐床上。

南方士族的容貌修飾

魏晉時代，不僅女子傅粉施朱，世族男子化妝的亦不在少數，開此風氣最出名的要數三國時代的何晏，他"動靜粉白不離手"。到了後來，世家大族子弟"無不熏衣剃面，傅粉施朱，駕長簷車，跟高齒屐"，充分反映出世族子弟的醉生夢死。當時扭曲的社會風氣，卻將此推崇為士族風度的體現。

梳下垂的雙髻

立於博山爐上的小朱雀

繫細帶的寬袖短衫

曳地長裙

雲頭高履

仕女畫像磚
在玄學清談之風的影響下，貴族服飾講究寬口大袖。婦女服飾也是如此，寬衣博帶，廣袖翩翩。

銀釵
南北朝時期出土的髮釵數量很多。當時婦女流行挽高髻，所以需要用釵把髮髻固定頭上。

金手鐲
這是貴族婦女的手鐲，江南金銀器的特徵是線條簡潔規整，工藝精細。

履面嵌織出三行文字，由上至下是"天延命長"、"宜侯王"、"富且昌"

"富且昌宜侯王"織成履
這雙履是用絲、麻為原料織成的，色澤如新，是漢晉文獻中所記的"絲履"實物。

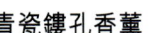

用以散發香氣的孔

青瓷鏤孔香薰
世家大族坐享高官厚祿，着意追求生活享受。當時貴族子弟愛美，打扮講究媲美女性。這件隨葬的青瓷香薰，可用於室內，也可使衣褲薰香。

金梳
裝扮是貴族婦女生活中不可缺少的重要一環。這些北周貴族的梳妝用品精緻漂亮。

世家大族的生活

② 追求享樂的士族居室

魏晉時代，上層人士對居住是非常講究的。除帝王后妃營造豪華的宮苑外，世家大族的居所也毫不遜色，甚至皇家宮苑的建築也受士族莊園風格的影響。這不僅反映出世家大族居住與生活奢華享樂的風尚，更凸顯出他們堪與皇權相抗衡的現實地位。

士族宅院

士族居住的莊園幾乎是一個小小的獨立王國，其間有亭台樓閣、山林泉石。在城市裏因有一定規劃，士族宅院須納入里坊之內，大約每戶士族佔地約400平方米左右；在鄉間士族豪強所據有的莊園塢壁，土地面積則不受限制。士族宅院內裝飾豪華，因此竟有客人將廁所誤以為內室。對比之下，一般平民在當時只能住草屋茅舍，甚至還有居土窟石穴的。"士庶天隔"，在此亦得到充分反映。

居室的家具陳設

當時士族的房屋內，除睡眠用床外，還有略小於床的榻，又稱"小床"或"獨坐"，用於踞坐或跪坐。這類實物模型發現甚多，是當時士族放達作風的寫照。為配合踞坐，案几一類陳設也廣泛使用。當時士族家庭均有憑几，不僅在家使用，也可在出行中用。憑几上往往置隱囊，供倚靠。與上述睡眠、坐臥有關的還有帷帳，一般做成尖頂或平頂，環繞床榻四周，用鐵帳鈎和木質帳杆撐起。士族家庭室內還設置屏風，屏風上多加彩繪，極其精美，足以顯示主人的身分。至於其他各種器物陳設，如鏡盒、奩盒、香薰等等，更是不勝枚舉。

陶燈

這類型的陶燈是東漢末年流行於中原的居室照明用具，魏晉南北朝時遍及長江流域和河西走廊一帶。此燈共有七個燈盤，同時點燃，亮度很大。

鏡子

梳妝圖

貴婦面前的圓盤應是用來盛載梳妝用品，她的身旁有女僕持鏡侍候。

64

高捲的帷幔，當時貴族常用，通常是整幅的絲綢縫製而成

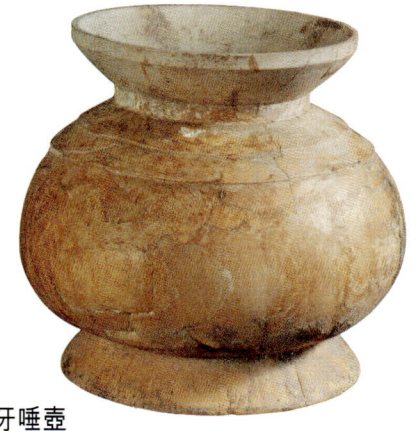

夫妻對坐圖

由東漢至三國魏時期，公孫氏一直統治遼東及遼西郡。這是一幅出自公孫家族墓葬的壁畫，畫中描繪的家居陳設及服飾等，就是當時望族名門的真實生活。

有方格紋飾的短几

盛炭容器，由於東北地區寒冷，故需在室內燒炭取暖

鞋

坐榻，面寬而矮，主人脫鞋屈膝而坐

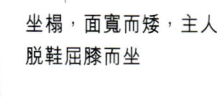

象牙唾壺

這個用象牙雕成的唾壺，是前所未見的工藝品，以往此類物品，多以陶瓷製成。富豪士族使用象牙唾壺，可反映其奢華風氣。

青釉騎獸燭台

燭台是東漢末年中原貴族居室中流行的照明用具。魏晉南北朝時期，南北方廣泛使用，造型更加豐富多樣，以顯示主人的雅興與品味。

插燭口

壓印的圓圈紋飾

臥獸瞠目咧嘴，造型與同期南朝陵墓的石雕神獸類似

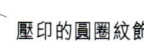

③ 儀仗出行與車馬具

魏晉南北朝時代，人們乘坐的交通工具，如衣冠服飾一樣，也用來顯示社會地位。當時法令對各階層的人可以使用車輛的式樣和數量都有嚴格規定。世家大族往往也以此顯示身分。這時的交通工具，一改漢朝以車輛乘騎為主的傳統，坐牛車成為世家大族、豪富紈袴的特殊愛好，王侯、士大夫均以乘坐牛車為榮。但在北朝，仍舊騎馬和乘馬車並存。

南方最流行的牛車

牛車是魏晉時代南方世家大族必備的乘具。牛本以負重行遠而用於運輸，但其行走速度緩慢。據研究，當時，由於精心挑選和培訓牛隻，加上馭者日趨精湛的駕駛技術，牛駕車奔跑的速度已接近馬車。直到南朝，士族子弟仍以擁有快牛相誇耀。

乘坐牛車的另一個主要原因，是它的平穩性高於馬車，舒適度明顯增加。對於講求奢華生活而不需要"趕時間"的士族來說，牛車當然比馬車優越。牛車車箱全封閉或半封閉，後面開門或前後遮以帷帳，左右開窗，牛上有飾物。旁人見這些士族子弟從容出入，儼若神仙。

步輿、板輿、輦

除牛車外，南北朝上層士族還乘坐一種以人力抬負類似轎的"步輿"(又稱"平肩輿")，上面飾以帳幕；相似的還有"板輿"，即在輿杠上加攀，人以雙手持杠，以肩承攀。當時的輦已沒有車輪，它與輿一樣均使用人力來抬，因此輿、輦實已為一物。

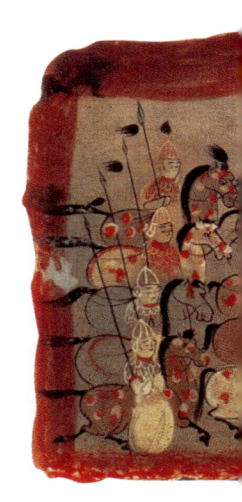

通幰車

這輛通幰車形式豪華，是貴族所用，也是以牛隻拉動。

車篷支架

寬敞的車座

有窗有門的車箱

篷蓋

北魏牛車及陶俑

當時貴族喜歡以牛車代步。這輛牛車的車箱有窗有門，比較講究。

儀仗出行

當時皇室及王公士族出行，除自己乘坐的車馬外，還有導從車輛和護衛，這些均稱"鹵簿"，其數量依官員官階的高下而增減。魏晉時代士族官吏出行的鹵簿，大致沿襲東漢。南北朝時南朝仍襲魏晉，侍從車騎步行並重；北朝則以騎從為主。

貴族出行儀仗圖

貴族騎馬出行，由穿上盔甲、持武器旌旗的侍從簇擁，聲勢喧赫，也反映出北方貴族仍以騎從為主。

無外壁的轎身，上掛帳及寶珠為頂

六抬肩輿

輿轎本是貴族的交通工具，魏晉南北朝時逐漸普及，平民也可使用，只是形式有分別。這頂肩輿由六人抬扛，裝飾富麗，雖是初唐時繪，但肩輿形式應與南北朝時分別不大。

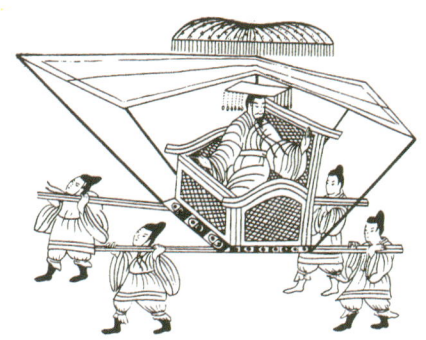

漆屏風所見的貴族步輿

這乘四人所抬的步輿，上有傘蓋及人字形帳幕，通常是貴族使用的。

④口腹之欲與奢華之風

因為擁有雄厚的經濟基礎，世代為官又保證了士族的安逸生活，為了誇耀財富，大族之間在飲食上競相攀比。魏晉南北朝是一個上層士族在吃的方面奢靡得出奇的年代。當時各階層的飲食狀況相距甚遠。比照之下，一般人則以素食為主，即使是低級官員，也是吃不起肉的。

奢靡的飲食風尚

當時士族之家，食不厭精，奢華成風。西晉元老重臣何曾，每日宴飲消費萬錢，尚且聲稱沒有下筷子的地方；他撰寫的《食疏》，記下了自己食用的菜餚，後人競相仿效。其子何劭更勝其父，每日膳費二萬錢。北魏的鮮卑貴族高陽王，一食更必以數萬錢為限，當時人就有"高陽一食，敵我千日"的説法。《世説新語》中亦載有石崇與王愷鬥富、王濟以琉璃器盛人乳蒸肫等典型的飲食奢侈之例。

烹調方法的講究

當時的世家大族，十分講究烹調方法。因為"三世長者知被服，五世長者知飲食"，是否"知飲食"可以反映家世的長久與否，而士族正是以家世相標榜的，所以飲食烹製問題就不僅僅是吃的問題了。通曉飲食的烹製與滋味的品評，竟然也成為衡量門第高下的標準。世家大族掌握的飲食方法往往世代相傳，密不示人，有的連皇帝也無法得到。魏晉南北朝時代，食物種類增加，加工手法眾多，炙、炮、煎、炸、蒸、煮、炖、烤樣樣俱全，烹飪技法提高，與世家大族對此的重視不無關係。

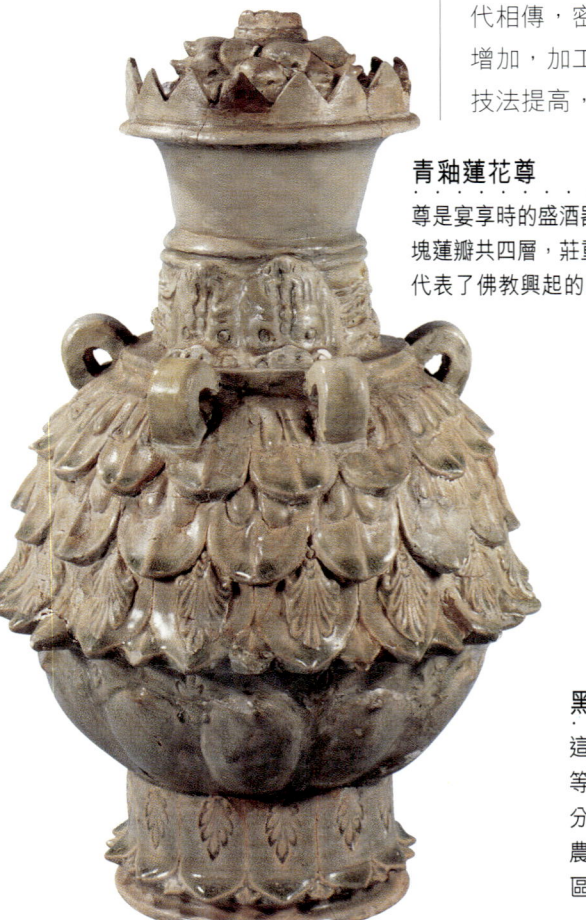

青釉蓮花尊
尊是宴享時的盛酒器。器身上堆貼出一塊塊蓮瓣共四層，莊重華貴，突出的蓮花紋代表了佛教興起的時代潮流。

黑釉雞首壺
這種巧妙利用雞首或羊首等家禽、家畜作造型的器物十分普遍，反映出農業社會的特色。當時農業帶動經濟的富足，尤其是江南地區。

手持烤肉串的賓客　　　坐於榻上的主人

壁畫中的烤肉場面
賓主二人宴飲。當時一般百姓以至低級官員是吃不起肉的，這幅烤肉圖可見士族的宴飲風尚。

盛放食物和箸的圓盤

一盤盤切好的肉塊

庖廚圖
廚房內放滿肉食，是為了供應宴會所需，而僕人也忙於切肉，為宴會做準備。

俎案

青釉飛鳥碗托
這件東晉青釉瓷，在碗外連一平底的托盤，碗內則塑有一展翅欲飛的鳥，使器物靜中有動，增添了藝術意趣。

蓮花紋銀碗
這是一件東魏時期的盛食器具，碗內底中捶成一圓台，上有一朵俏麗的蓮花。碗內斟滿酒後，由於折光作用，酒波蕩漾，令人陶醉。

⑤ 世家大族崇尚的魏晉風度

所謂魏晉風度，可概括為當時門閥世族衣食住行中表現出來的各種習俗與思想意識，它在後人心目中成為當時大族名士生活樣式與精神風貌的代名詞。魏晉南北朝是一個戰亂與動蕩的時代，門閥世族既富貴安樂又滿懷憂慮，往往身不由己地處於政治鬥爭中。他們雖然外表灑脫不凡，表現出追求超脫、曠達放誕、寄情山水、崇尚自然等不同流俗的處世態度，內心卻往往非常執着和痛苦。

清談風尚

清談是魏晉南北朝的一種時尚，動亂的時勢是清談之風形成的根本原因。清談家們以發言玄遠顯示清高，目的在於遠避政治，求得安逸。清談內容雖以《莊子》、《老子》、《周易》三玄為主，但仍有影射當代時政人物的"臧否"。這種超脫塵世的外表現象，內在實質並未脫離政治。清談人物往往手執塵尾*作為道具，以助談鋒，凸顯其風流高雅的氣度，塵尾因此也就成為魏晉風度的標誌性物件。西晉滅亡後，玄風隨衣冠士族而南渡，東晉掌權者，如王導、王敦、庾亮等，都是玄學中或受玄學影響的人物。王、謝等士族子弟的生活，與正始玄談、魏晉風度有着種種聯繫。

服藥求神仙

魏晉之際極度動蕩的社會現實，瞬息萬變的政治風雲，讓人感到一切都陷入無秩序的混亂狀態，生命沒有保障，於是人生短促、及時行樂的念頭縈繞心間。為求長生，為求享樂，魏晉人有服藥之風。所謂"藥"，即寒食散，又名五石散，據說服食後可延年益壽，美化容顏，補腎壯陽。因服後

三角形鏤孔

熊形足，直立躬背

五石散的成分

五石散配劑有多種說法，有說是以紫石英（上圖）、白石英、赤石脂、鍾乳石（左圖）、硫黃五石配製。相傳此方始於漢朝，盛行於魏晉。魏晉名士如何晏、裴秀等都服散，竟成一時風氣。

渾身發熱，需要散發，必吃冷食，所以稱"寒食散"。服散之後，皮肉發燒，窄衣容易擦傷皮膚，穿鞋也不方便，於是便流行着大袖寬衣、不穿鞋襪而穿屐。其實這種藥物服後，可能中毒而死，故魏晉以後此風乃止。而令人意想不到的是，中國金丹家煉丹，對社會也產生了重要貢獻，即為化學的發展起了開路先導的作用。

何以解憂，惟有杜康

魏晉名士以飲酒來表達他們曠達放任、不為禮教束縛的精神狀態。當時飲酒已成為時代特色，竹林七賢無人不飲，只願長醉不願醒，他們將飲酒的風氣推向高潮。許多名士終日沉緬於酣醉之中，醉態百出的形象借助出土的壁畫凸顯在今人眼前。後來大族子弟好飲，則少了先前的憂愁而多了一份奢靡與頹廢。

鬆寬衣裳，只有一邊衣襟，袒露右臂及胸脯，反映無視禮教、放任自然的審美趨向

鳥形鈕

侍衛圖
這位侍衛是貴族墓葬壁畫的儀仗隊一員，應是貴族墓主人的貼身保鏢。由於當時政治和社會風氣，以及文人形成的廣袖寬衣的魏晉風度，武士的服飾也出現新時尚，從窄袖緊身的胡服，掀起新的寬衣之風。

袒胸俑
這個袒胸俑在河間邢氏墓出土，與壁畫的侍衛衣着風格相似，可見魏晉風度影響之盛。

青釉鏤空三獸足薰
香薰爐是魏晉瓷器的大類，不但因士族喜薰香衣服，而且人們在議論和清談時，也常以香爐點燃香氣使滿室幽香。

農業生產

① 中原地區的破壞與復甦

整個三國兩晉南北朝時代，南北經濟狀況差異顯著。北方因戰亂等原因，農業生產幾經起落，原來處於全國經濟中心的地位逐漸喪失。古老的關中和關東兩大經濟區，極力恢復昔日的繁華景象，但經濟上領先全國，獨佔鰲頭的年代，已是一去而不復返，即使是在後來的隋唐時代亦復如是。就此而言，其影響是深遠的。

經濟發展失衡

魏晉南北朝農業面對的一大問題，是長期戰亂和災荒，使關中和黃淮兩個主要農業區遭受嚴重破壞，逐漸失去重要性。從東漢末到三國初，戰亂和災荒歷時半個世紀，北方農業區土地荒蕪，人口流失，整個黃河流域和淮河流域以及關中地區，成為地曠人稀的荒涼地帶。曹魏統一中原之後，雖然政局穩定，但經濟仍未復甦，"是時天下戶口耗減，十裁一在"，大批流民從中原南徙，遷移到蜀、荊、江淮一帶。當時糧價飛漲，據統計，長安穀一斛五十萬錢，豆、麥二十萬錢；鄴中大飢荒，芋一畝，也要二萬錢。緊接而來的是十六國相互爭長，異族入主，長期交戰，魏晉八十多年間恢復起來的農業生產再次瓦解，關中、黃淮地區幾乎耕地全廢，長期處於經濟蕭條狀態。十六國時期，唯有前、後趙與前秦曾一度致力於中原農業的復甦，並取得一定成效。

列隊而行的士兵　　　正在犁地的耕者

屯田與農業的復興

由於大量田地荒蕪，為恢復生產，最有效的方法莫過於屯田*。屯田原為邊疆農墾以解決軍需之措施。推行屯田，以曹魏在規模、組織、管理和效果方面最好。曹魏實行的屯田分為軍屯和民屯。實行屯田使嚴重衰退的北方農業得到一定的恢復。後來因屯田組織已不能適應生產發展的需要，至西晉初年，民屯制度被廢除。

西晉滅亡後，十六國在中國北部相互爭長，其中較強盛的前、後趙與前燕、前秦，還有後來的北魏，在中原地區為恢復農業亦實行屯田制。特別是北魏，推行"計口授田制"，遷徙了十多萬家到京都，給耕牛，計口授田。這種實質上類似民屯性質的授田制，對北方地區的開發與農業恢復起了不可忽視的作用。

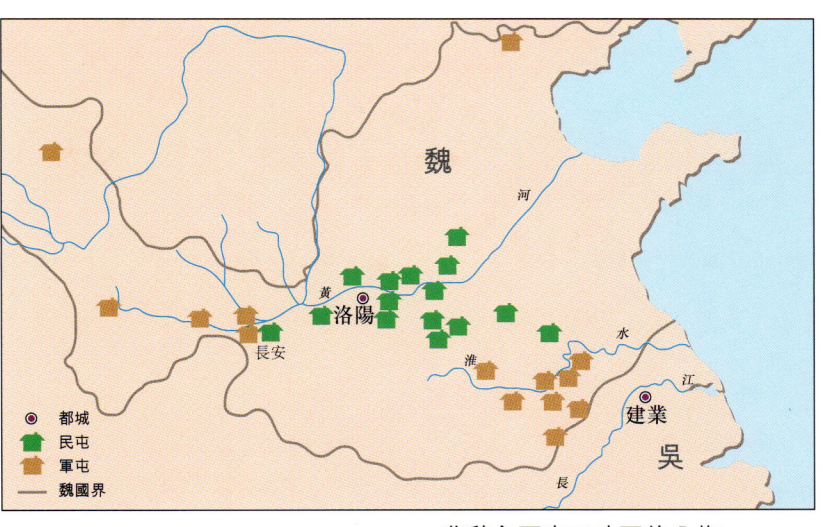

曹魏主要屯田地區的分佈
曹操最初在許下屯田，不但解決了軍食問題，也有了充實的經濟力量。其後他將屯田制擴大到各地，如洛陽、上黨，又選擇軍事重鎮如長安、揚州等地興立屯田。蘇北、皖北一帶，規模尤大。曹操推行的屯田制對中原地區農業經濟的恢復起了一定程度的作用。

以鐵鏟挖地的郭巨

壁畫
將士兵和耕者畫在同一圖中，可以當時軍屯實際情況的反映。這一時屯田制在北方地區多次實行，士兵戰仗，平時耕地，百姓亦有參加屯田。

畫像磚中的農民形象
二十四孝畫像磚裏的主人公，其服飾及形象是當時農民的典型。

末端用腳上下踩動

放置糧食之處，碓頭上下砸掉穀殼

陶碓
這是用人力為糧食加工脫粒的工具，東漢以來在黃河、長江流域都普遍推廣。魏晉時期在河套地區也廣為應用。

*屯田：由政府組織勞動者在官地上開墾耕作的農業生產形式。有軍屯與民屯之分，軍屯採用軍事編制，組織軍兵及其家屬進行屯種。魏晉各個分裂王朝多在邊防地區屯田，在內地屯田者少。

小辭典

② 邊遠地區的安定與開發

魏晉南北朝時代雖然戰爭頻繁、人口流動、南北分裂、商品經濟比重下降，中原地區的經濟遭受嚴重破壞，但江南和邊遠地區的經濟還是得到開發與發展。江南、隴西、河西與遼東的地方性經濟區，當時在全國佔相當的比重。由此而形成的經濟新格局，不容忽視。

西北及北方地區的發展

魏晉時代，西北的隴西地區與河西走廊，曾出現相對安定的局面。中原地區干戈擾攘之際，關東及關中之地的人口，為躲避戰亂，紛紛西遷至河西、隴西。不少士族流寓於此，涼州政權所在，一時成為中原文化的保存、集中地。考古發掘出甚多的河西文物與中原文物相一致，反映出漢族文化與少數民族文化的融合，同時也是社會穩定、經濟發展的結果。另外，通過研究墓葬的壁畫可以知道，當地的畜牧業生產並不亞於農業。

代北地區自拓跋鮮卑建國後，實行屯田制與畿內課田制（計口授田制），實現了畜牧業經濟向農業經濟的轉化。昔日被視為不毛之地的代北地區，逐步形成北方邊遠地區政治、經濟、文化的中心。

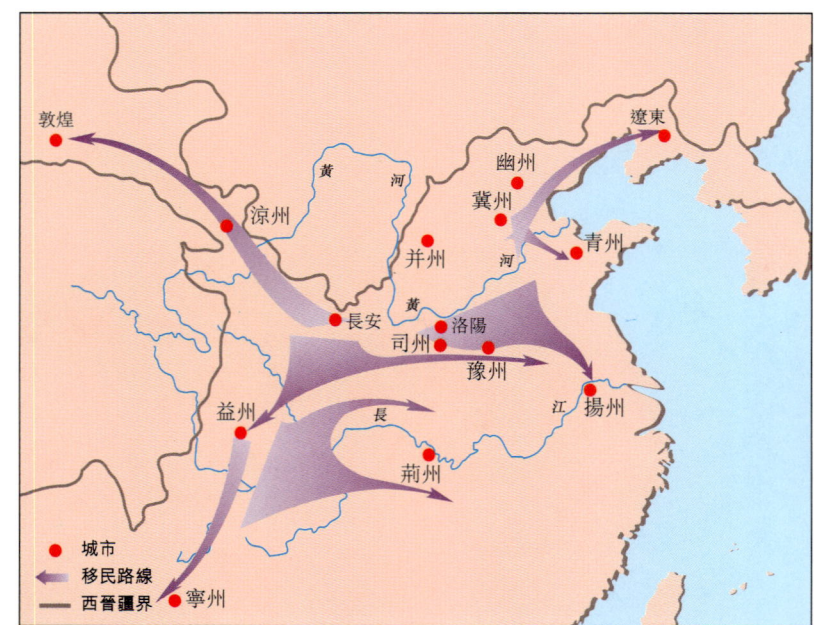

移民路線示意圖

在西晉末年的戰亂中，關中發生飢荒，人民向四面流徙，在晉末至西晉滅亡的十多年間，單憑記載，流徙的人口便有百餘萬人。

井飲圖

西北及北方地區缺乏河流湖泊，故此主要依靠開鑿水井獲得水源，以供生活和飼養牲畜之用。圖中的禽畜正圍攏在井旁的水槽喝水。

從井中取水的物

遼東的開發

遼東在十六國時期是前燕、北燕的統治區，也是一個相對安定的地方，統治者對農業較為重視。受到當地良好政治環境與廣闊土地資源的吸引，中原幽、冀(今北京、河北)的人民多流入遼東。而當地人口增加，無疑對農業的開發起了巨大作用。在中原農業幾經起伏的時候，遼東等地地方性經濟的發展，使全國經濟中心呈現多元化的趨向。

採桑圖

圖中兩人均赤足，應是少數民族。提籃的少女正採摘樹上桑葉，可見養蠶已成為邊遠地區的生產活動。

穿兩襠甲的射手

水井

宰羊圖

河西地區畜牧業的重要性，並不亞於農業。

狩獵圖

牽駱駝圖

農業生產
③ 江南的開墾與發展

與中原和邊遠地區的恢復與開發比較，江南地區的農業發展成就最為突出，它在人口增加、土地開墾、興修水利與改進農業生產技術等方面，均有長足的進步。由於東南地區經濟的發展，全國經濟重心開始出現南移的趨向。這一劃時代的轉變及持續趨勢，是中國歷史上的一件大事。

水利建設

江南地區農業的發展，有賴於水利建設。那裏河湖縱橫，土地肥沃，只要築堤排水，便可有無數良田。孫吳建國不久，即修水利控制江南縱橫的河渠，築成陂塘，用以蓄水；同時又立堰閘，使水位高低可依人工調節；再在江南的許多湖沼四周築堤壩，以利排洪和蓄水，並可開闢湖田。東晉南朝時期，水利灌溉系統在過去基礎上進一步推廣和整理，更促進了農業的發展，江南經濟繁榮一時。

江南水利的分佈
東吳在曲阿(今丹陽)立新豐堰，烏程(今湖州)築吳興塘，句容築赤山塘等，為農業灌溉起了重要作用。

荊江大堤今貌
荊江是長江的一段，近洞庭湖，河道彎曲，容易泛濫。荊江大堤，始建於東晉。明朝時把斷續江堤連成一線。

太湖今貌
浩瀚的太湖，其流域經開發後，成為南方經濟的腹地。

秦淮河壩復原圖
江南修築了許多堤壩，用以調節水位高低，用於排洪和蓄水灌溉。

人口的南移與增長

東漢末年，關中地區人口從二百四十萬減到五十萬，南方人口則有增加：揚州從三百二十萬增加到四百三十三萬，荊州從三百五十九萬增加到六百二十萬。西晉永嘉以後，僑寓南方的人口，截至劉宋初年即達九十萬。以上數字可以視為北方農業衰退、南方農業發展的標誌。因為人口增加，即意味着勞動力增加，而勞動力增加，又是農業發展的舉足輕重的因素。自東漢末至隋唐時代約三百七十年間，除西晉時的短暫統一外，南北分裂局面始終存在，北方戰亂與南方相對安定的局面亦始終存在。既然有相對穩定的地方政權，當權者必定要發展當地經濟。

因為南北政治環境的差異，北方人民不斷南遷，公元213年江北的自耕農渡江到江南，一次就有十多萬戶，這就給南方帶來了大量勞動力與先進的生產技術。

公元3世紀南北方的城市人口變動舉例

從南北人口的變化數字可概見西晉永嘉以後，人口南移，多集中在商貿發達的地區。

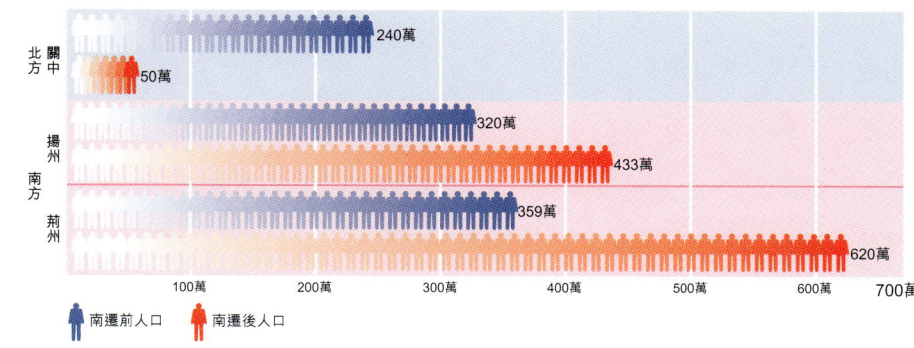

北方 關中 240萬 50萬

南方 揚州 320萬 433萬

荊州 359萬 620萬

100萬 200萬 300萬 400萬 500萬 600萬 700萬

南遷前人口 南遷後人口

④ 農業技術的革新

魏晉南北朝時代,在生產勞動中,人們不斷總結經驗,改進工具,提高生產技術。南北方的農業耕作技術都有發展,生產效率得以提高。在北方出現了許多農業技術革新,傑出的農業學家賈思勰的《齊民要術》*,就系統地總結了當時豐富的生產經驗。而北方人民南下,又給南方帶去了許多先進的生產工具和生產技術,南方人將其與當地自然條件結合,並加以改進和提高後,更加適用於農業生產。

辟土鐵鏵

農具的改進

當時的農業生產工具已有很大改進,種類也增加了許多。例如,整地的工具有犁、耙、耱等,播種的有耬、窶瓠、撻等,中耕的有鋒、鋤、耬鋤等,收穫的有鐮、枷、權等,加工的有磨、杵臼、碓等。這些農業生產工具的普遍使用,提高了農作物的產量與質量,同時也減輕了勞動強度。有些地方殘留的"火耕水耨"原始耕作方法,此時已完全改變。

生產技術的提高

當時人民十分重視農業生產技術,對諸如農作物的輪栽、施肥、選種、播種、中耕除草、培土保墒、防凍、品種改良,果木的栽種,蠶桑的養植,釀酒製醬的方法等,都有完整和豐富的經驗知識。"秋耕欲深,春夏欲淺;生耕欲深,熟耕欲淺"的精耕細作,防旱和保持泥土水分的田間管理技術已在大江南北推行。

在牛鼻上穿環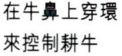
來控制耕牛

直轅犁

牛耕圖
農業是莊園的主要生產活動,當時的莊園普遍以畜力耕作,這件畫像磚反映的二牛挽犁,是當時河西一帶的犁耕。

用來翻土的犁

牛耕圖
圖中的耕犁只用一牛挽拉,節省了畜力。在耕犁前端安裝了鐵犁鏵,更利於破土深耕。

鐵鏵冠

從嘉峪關的魏晉壁畫中，可看到耕作技術的進步，例如犁耕由二牛挽犁發展為一牛挽犁。而在北方旱作地土壤耕作，也發展了一套耙地和耱地的新技術。播種前首先耕地，用犁翻鬆田土後，再以耙地和耱地把小土塊弄得細碎鬆軟和均勻平整，使土壤細熟，上虛下實，有利於保持土壤水分和抗旱。

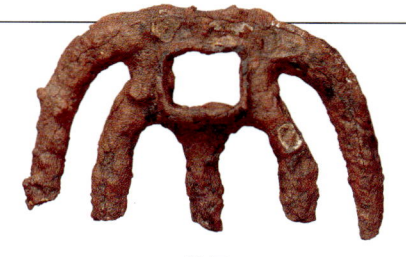

鐵耙

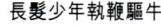

長髮少年執鞭驅牛

用來碎土平地的鐵齒耙

耙地圖

耙地和耱地是為適應乾燥氣候而發展起來的新技術。耙地時人立耙上，使入土較深；來回拖拉，可將土塊由大耙小，將土壤耙得疏鬆均勻，並除去泥土中的草木根莖。耱地是在犁地和播種前後使用，所用工具不像耙般有鐵齒，以壓平土壤，使土壤均勻平整。

拿着準備散播的種子

狀如槌子的櫌

播種圖

前面一人在播種，後面一人在種子播入泥土後，以櫌擊碎土塊，平整土地，以掩埋種子。

揚場圖

穀物脫粒後，為去除穀中雜物與空殼，農夫用杴揚場。

堆成小丘的穀物

杴，用來箭取草秸或除去雜草

① 南北互市與商業交通

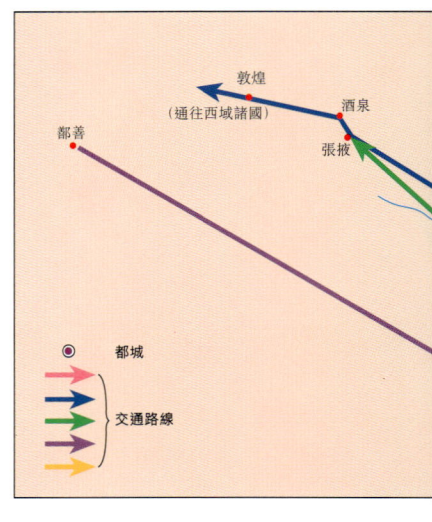

魏晉南北朝時代，雖然社會動盪，戰爭頻繁，南北方長時間處於分隔對峙狀態，但是，南北之間的交通、貿易、來往還是不絕如縷，有時甚至相當活躍與興盛。

南北貿易的方式

當時南北貿易有四種方式，其中以官方貿易方式為主。官方貿易性質的互市貿易盛行於三國時期，以後的互市貿易則多有普通商賈和民間販客參與。這些互市通商貿易活動，一般都在邊境城市和地區展開。南北分裂之際，南北方交接地帶的城市，成為當時的互市之地，例如三國時期魏與吳的江夏郡（分別治今湖北雲夢縣西南和鄂州市），東晉鄰接後趙的武昌城（今湖北鄂州市）、劉宋靠近北魏的彭城（今江蘇徐州市）。

全國商業交通網絡

因為南北通商貿易不斷，形成了許多商旅往來的重要交通路線，它們成為各國間的聯絡紐帶。在南方，長江是水運交通的重要幹線，上游可達成都，下游直抵建康。長江一線舟船不絕，沿江兩岸因此也成為商品流通的地區。在北方，除漢朝開始的絲綢之路繼續保持東西暢通外，還開闢了蘭州至張掖的河西走廊大道，以及與之平行的鄯善到益州的河南道，同時還開闢了由河西道更延伸向東渡黃河至平城的大道。

在上述南方與北方橫貫東西的水陸幹道沿線兩側及周圍地區，形成了許多縱橫的交通支線，它們與幹線共同構成當時中國的交通網絡。尤其是在南方，由於水道湖泊密佈，運輸方便，更發展出許多輻射的交通路線。這些線路可聯通全國，並與通往國外的道路相連接，它們在當時商品流通和經濟聯繫中發揮了巨大的作用。

商談圖線刻畫

此北朝線刻畫生動地表現了主人與遠道而來的外族商賈進行商談的情形。主人端坐，雙目注視對面的商人。曲髮的商人手捧一物，流露出殷勤獻媚的姿態。

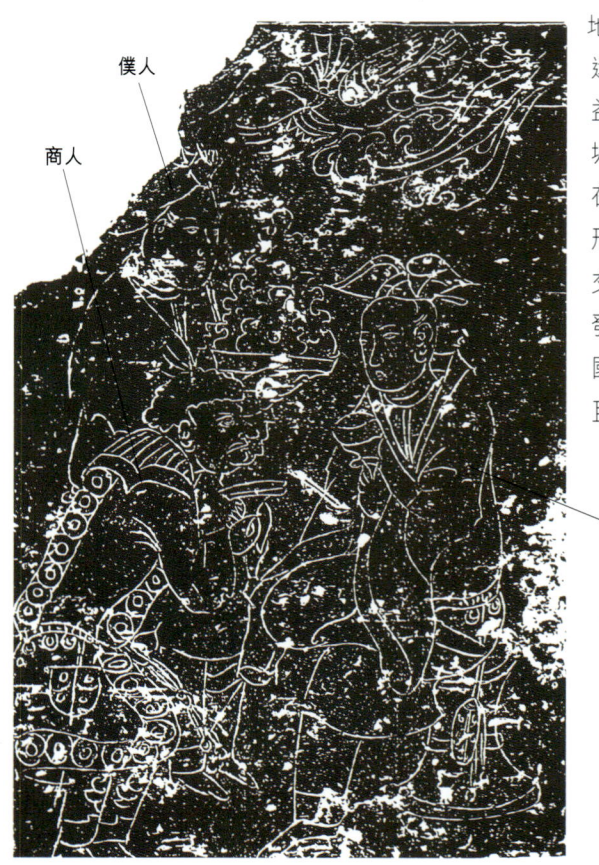

僕人

商人

主人

陶駱駝

平城

黃 河

安

洛陽

江 建康

魏晉南北朝的主要交通路線

貿易圖

商品買賣的需求促進了商人的貿易往來，圖中左面是一支漢人商隊正在渡橋，而右面黑衣者應為胡人。馬和駝均背負重物，都是準備運往市場出售的貨品。

南北貿易方式

性質	運作方法
官方貿易	政府間遣使招聘式
官方管理	在邊境指定地點互市，商人在官府監督下的通商式
走私	商賈私下秘密往來，越境走私
邊境互貿	邊境將吏之間的互貿式

高

利 昌

吉

高昌吉利銅錢

這是西域高昌發行的銅錢，製作規整。這種銅錢在絲綢之路的商品貿易中流通使用。

波斯銀幣

魏晉時，遠及西亞的國家也東來與中國貿易。這是在河北磁縣北齊王室貴族墓中發現的波斯薩珊王朝銀幣，上面鐫刻有波斯政府批准商人攜帶銀幣出境的印文，證明波斯薩珊王朝對銀幣的流通嚴格管理，不經國家許可，不得擅自將銀幣帶出國境，流散海外。

牽駝陶俑

魏晉時期的政治動蕩，並未使絲綢之路的商旅停下腳步，中西商貿活躍。這件北魏時期的牽駝陶俑，側面說明了當時北方貿易的繁榮。

② 商業貿易與商品種類

魏晉南北朝時代，商品除了通過生產者與消費者直接交換之外，更多是通過集市貿易、官市貿易等不同渠道，進入流通領域，銷售到消費者手中。由於自然經濟結構佔支配地位，當時的商品除手工業產品外，更多的是非商品生產者(如農民)生產的產品，例如各種生產資料(鐵製農具、木製農具、耕牛等)、生活資料(食品、紡織品及其他日用品)和佔極少比重的高級消費品和奢侈品。

鬈曲的頭髮

長靴

西域少年俑

北魏洛陽城是當時北方最繁盛的都城，來自大江南北和絲綢之路的商賈雲集於此。當時不少胡人隨着絲綢之路的商隊到達洛陽從事勞動工作。這個胡人俑或許是個負責牽馬的馬童，工匠把他塑成蹲屈狀，是想表現他正在思鄉哭泣？還是困乏小憩？至今已無法得知了。

集市貿易

集市貿易是中國古代農村傳統的交易形式，它是當時自然經濟的必然產物。集市可分兩類：一是定期的集市，二是在城郊因商品流通形成的草市*。前者沒有房屋店舍、市門和圍牆，以定時趕集的形式進行，三、五日一市，十數日一集，間隔時間不一，但都是定期市集。有集之市，又稱鄉邑，逢集之時，還會有歌唱舞蹈，這種習俗相沿已久。當時還流行一種草市交易，由於草市地近城市，隨着商貿的發展，草市內又出現了旅店、飲食業和鋪面，逐步成為市鎮，規模反倒超過了一般的鄉村集市。

官市貿易

與農村集市貿易同時存在的是城市裏的官市，它設在城市里坊，為城市進行商品交易的場所。此類官市四周設圍牆和市門，市內店鋪林立，列肆兼羅，城市居民在那裏買賣商品。一個城市往往不止一市，如建業(今江蘇南京)孫吳時有三市，東晉時為四市，西晉洛陽也有三市。官市管理有一定的制度，開市罷市都規定時間，市場內同類商品列肆交易，專設市官管理市場及徵收商稅。

豐富多樣的商品

當時市場上流通的商品是豐富多樣的。由於生產的發展，人們的需求也不斷增加，要求市場上供應各種各樣的商品。農業是主要生產部門，生產原料類型的商品基本市場在農村，鐵木製的生產工具如犁、鏵、鐮、鋤、鏟、斧、錘、刀、錐、鋸等，需求較旺。耕牛也是市場上的重要商品，買賣普及南北，有時交易還要專立文券。市場上的日常生活用品中，食品的類別及數量最多；衣着所需的紡織品，除了絲、麻以外，棉、毛的銷量也有增加；各種金銀製品及陶瓷、漆器等，廣泛地流通到各個階層人民的家庭。

草市圖

水波紋罐

這類紋飾簡單的陶瓷日常用器,在市場上的交易量很大。

黃釉四繫罐

歷 史 小 證 據

以物易物的自然經濟

魏晉的商業貿易日益活躍,促進了商品交易和貨幣流通,但由於農民生產仍能自給自足,往往用穀、帛來互相交換所需。此外,由於幣制混亂,也使錢幣一直處於輔助地位。西晉泰始九年(公元273年),女子翟姜女用 24 匹絲練(絲綢的一個品種),從男子藥奴處買了一口棺材,並在這塊木簡上立下契約。以絲帛為交換單位,反映了以物易物的現象仍很普遍。

翟姜女買棺契約

這是正面,背面字迹已模糊不清。

---

*草市:即城外的市集。當時一些繁華的城市,在城門外幾乎都有草市。現在學者多認為最初的草市在都市之旁,為牲口的草料市。因其交通便利,在城外也便於交易,買賣範圍擴大,逐漸由定期鄉村市集發展為市鎮,由非官方市場集鎮慢慢納入了官市系統。

 **小辭典**

活躍的手工業
① 各地手工業的蓬勃發展

魏晉南北朝時代，各類大型的生產活動主要由國家直接經營、管理，所有權屬於政府，在經濟中佔重要地位。由官府經營的範圍主要分為三類，都是需要耗費巨大人力物力的手工業生產：一是採掘及生產各種原料的活動，如採礦業、冶鑄業、造船業、製鹽業等；二是以生產物品供應市場消費的行業，包括各種器物製造業等；三是建築業。它們主要是為滿足統治集團的需求而服務的。

官府的管理部門

這時期官府對各種手工業的管理機構大體承襲秦漢之舊，僅在各朝略有名稱的不同。例如晉朝中央設少府、衛尉、將作大匠分管有關手工業的部門，南朝則在少府之下設左、右尚方令、丞，北朝則將少府改稱太府寺，下設尚方等職。

金屬冶鑄與金銀銅器

魏晉由官府經營的手工業首推冶鐵業，在生產規模、冶鑄設備、鍛造工藝及煉鐵、煉鋼技術等方面，較漢朝有了更大發展。此時人們改進水排，利用水力來鼓風，大大降低了成本，提高了風力，進而提高了冶煉強度。煤已被普遍用作冶鐵燃料。河南澠池出土的鐵器，首次發現當時已經出現了類似現代球墨鑄鐵的工藝，十分重要。百煉鋼*工藝的推廣，以及灌鋼法*（即"雜煉生鍒"）的發明，代表了當時煉鋼技術的重要成就，對社會生產力的發展起了重大的促進作用。

考古發現證明，隨着金屬原料的大量開採，金銀銅器的使用在當時已相當

金耳墜
這件北魏貴族飾物證明當時金銀器的打造技術已十分成熟。

坑槽中的小金珠

羽人馭龍金飾
這件東晉的金飾件應是衣服或頭髮上的裝飾。

辟邪座環鈕

以掐絲工藝製成的樂人形象

掐絲鑲嵌銀鈴
這件銀鈴是西晉時代製造的，造型小巧玲瓏，工藝精細，應是貴族隨身佩戴的飾物。走路時，銀鈴發出清脆的聲音，與步搖的作用相似。

普遍，製造地方也較多，例如銅鏡鑄造點就有會稽郡的山陰(今浙江紹興)和江夏郡的武昌(今湖北鄂州)。而大量佛像的鑄造，在一定程度上反映出當時的技術水平。現今出土的金銀器如金指環、金髮釵、金珠、金牌、銀手鐲、銀髮釵、

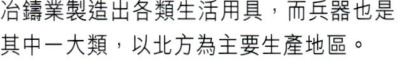

鎏金銅帶鈎等大多極其精緻純正，光艷如新，估計當時已有了改良的工具，如簡單的車床磨具等，這也體現了當時的製作水準。

服務於戰爭和商業交通的造船業

魏晉時代，由於戰場主要在江河兩岸，舟船成為重要的戰爭武器，又由於商業交通的需要，因此造船業異常發達。這一時期既有載重量相當可觀的大船與樓船，也有靈活輕便的快艇小船，種類繁多，相輔相成。如艨沖便是水軍的主要戰艦之一，赤壁之戰中，黃蓋正是用它來火燒曹軍戰船的。

這一時期在許多地區都有規模可觀的造船場，政府為便於控制，很多是將較大的官營船場置於政權統治中心附近的水道，如三國時洛陽附近的孟津，東晉晚期劉裕"大治水軍"所在處——建康附近的東府城。

在造船技術上，船舶動力方面已裝備了風帆和船尾舵，充分使用槳棹楫櫓，加快了航行的速度。為適合在內河、海洋等不同的航運情況，當時還利用各種技術製造出各種類型的船隻。

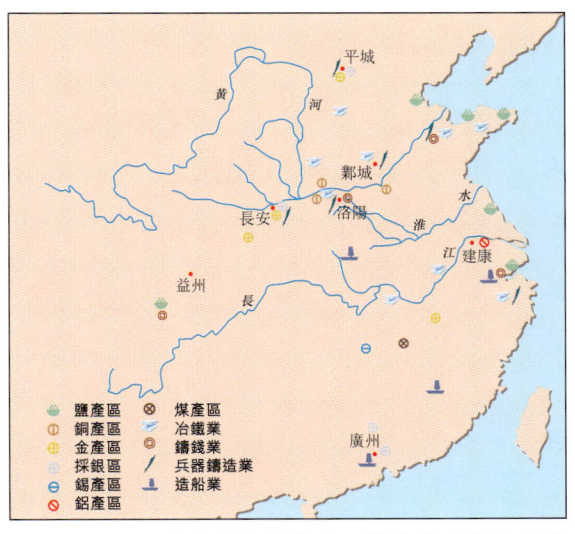

由官府主導的手工業生產地區示意圖

各種手工業的地區分工，與自然資源的分佈及地理優勢有關。由於這類生產需要動用的勞力及規模龐大，故此均由官府承擔。

彈琵琶伎樂童子　　　擊鼓伎樂童子

這是平城都城的石雕柱礎上的兩個伎樂童子浮雕，是北魏朝廷雕刻工匠的作品，形象寫實，人物的內心活動也自然流露，表現了高超的石雕藝術水平。

② 手工業的創新和突破

官府和民間手工業發展至魏晉南北朝，民營的手工業雖然仍依附於官府並受其控制，但魏晉以後還是有較快的發展。在生產門類上，民營和官營會有重複，但在生產方式和生產技術上，民營手工業則較官營的更為先進和成熟。特別是製瓷業的興起與發展，可以説是民間手工業標誌性的成就。

私營手工業的經營方式

魏晉南北朝時代，官營手工業規模已經成熟，私營手工業也出現了三種經營方式：與農業生產結合成為小農經營的家庭手工業；獨立的私營手工業者所經營的個體手工業；具有一定規模的作坊手工業。

各類手工業的發展

當時手工業種類繁多，以民間生產而言，紡織業是最普遍和參與生產人數最多的手工業。因原料和產品的差異，紡織業又分為絲織業、麻織業、棉織業和毛紡織業四個不同的專業。製瓷業普及到大江南北，標誌着中國瓷器的製造已經完全成熟。繼承漢朝以來成就的漆器製造和裝飾工藝，這時期又發展出描漆、戧金雕刻和犀皮漆等裝飾工藝，以及採用夾紵胎的新髹飾工藝。

魏晉時造紙業有新的發展，製紙的原料增加，開始使用桑皮、藤皮等，設備及加工技術也有改進。生產的一種黃紙既能塗改，又能殺蟲防蛀，延長了紙的壽命，是造紙術在當時取得的新成就。這時期開放酒禁，並允許私人釀酒，使得當時釀酒業的製麴技術提高，原料使用範圍也得以擴大，這些又都促進了飲酒的風氣。茶樹種植範圍的擴大，製茶技術的不斷提高，又使飲茶風氣更為普及，茶的功效也得到各階層人士的了解和認可。

雞首形的流口，是
江南流行的造型

青釉褐斑雞首壺

這是西晉時江西南昌生產的酒具。在肩部滿飾褐色彩斑，這是後世彩繪瓷器的雛形。魏晉南北朝時期，各地名士嗜酒成風，在隨葬品中，這類酒壺很常見。

可作水盂的蛙形蓋鈕

青釉蛙鈕蓋硯

這個連蓋硯台，蓋面有六圈花蕊紋，頂部的蛙形蓋鈕，亦可盛水供磨墨之用，別具匠心。

平滑的紙質，其上
可見植物纖維

人物紋漆盤
漆盤的人物故事畫十分富
麗生動。

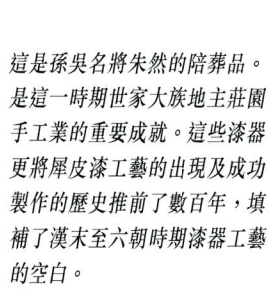

這是孫吳名將朱然的陪葬品。
是這一時期世家大族地主莊園
手工業的重要成就。這些漆器
更將犀皮漆工藝的出現及成功
製作的歷史推前了數百年，填
補了漢末至六朝時期漆器工藝
的空白。

雲氣紋漆盒
漆盒上滿佈幼細的戧金雲
氣紋，製作精細。

天鹿　　　　鳳鳥　　　　神魚

漆槅
分多格的碟子，應為
盛放食物之用。每格
有不同的神獸圖案。

麒麟　　　飛廉　　　雙魚　　　白虎

活躍的手工業

③ 特色日濃的製瓷業

魏晉南北朝時代，南方手工業的最大貢獻是青瓷器的燒造。從發現的窯址、窯具和出土的成品看來，此時青瓷燒造已成為一種專業技術，具有相當高的水平；而墓葬中青瓷器所佔數量之多，又足以說明瓷器在當時使用之廣，甚至已經逐步取代漢朝以來的銅器和漆器了。北朝的製瓷業則後來居上，不但在青瓷燒造上打破了南方專美的局面，而且還創製出白瓷。

青瓷業在南方的繁榮

三國時代，青釉瓷器已能大量生產，而且品種多樣，異常精美。現在發現的西晉瓷器數量極多，而且不少有確切年代。從江蘇宜興周處墓出土的元康年間（公元291～299年）青瓷可以看出，當時在胎質、釉料和燒造技術方面都有明顯的提高，它們可能即是宜興丁蜀鎮附近的南山青瓷窯址生產的。南朝時期，青瓷生產已遍及南方各地，造型均有地方特色。西晉晚期江西婺州窯已開始使用化妝土，浙江越窯使用了褐彩（點彩），江蘇南京孫吳建衡墓中也出現褐釉罐，四川成都孫吳崖墓、安徽孫吳赤烏年號墓中都發現了點彩的使用。這些都說明在三國吳時期長江地區已有釉彩。

南方青瓷質地細膩堅實，釉色光潔雅緻，器形優美，品種豐富，代表了這一時期製瓷手工業所達到的高超水平。

青瓷器除在江蘇的南部如蘇州、吳縣、宜興等地廣泛使用外，也越過長江天塹，在江北沿岸也有普遍使用，甚至深受北朝貴族的喜愛，成為上層社會的時尚。

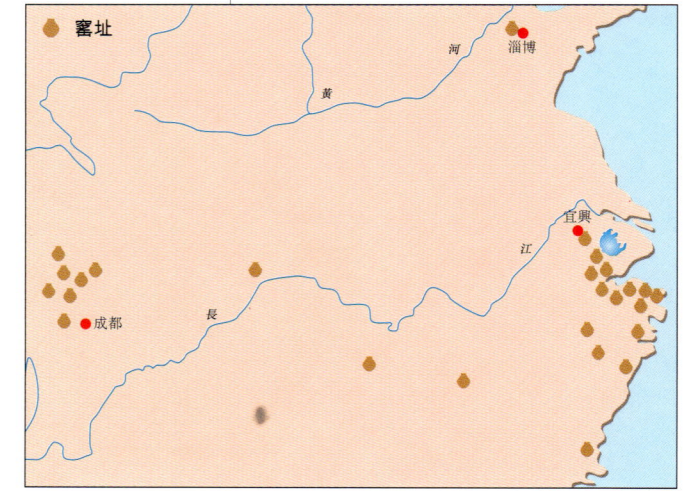

魏晉時代瓷器窯址的分佈

這時是江南製瓷業迅速發展壯大的時期，東起東南沿海的江浙閩等，西到長江中上游的兩湖四川，都設立瓷窯，燒造具有地方特色的瓷器，取得巨大成就。眾多名窯中，今江蘇的宜興和浙江的紹興、上虞、德清最是名聞遐邇。

青釉碗

白瓷胭脂盒

南北朝時期，白瓷技術的成功是瓷業發展的新階段。白瓷須用潔白的胎體燒造，故要把高嶺土所含的鐵成分減低至百分之一以下，燒製時又要避免雜質污染釉層，難度很高。

白瓷在北方的出現

北方白瓷的燒成，在中國陶瓷發展史上具有重要意義。白瓷脫胎於青瓷，與青瓷的主要區別在於原料中鐵的含量的不同。北魏時期，南方青瓷技術傳到中原，北方製瓷業逐漸興盛。瓷器燒製者克服了鐵和雜質對胎、釉呈色的干擾後，便燒造出白瓷。白瓷的燒成，為後世各種彩瓷的出現奠定了基礎，也為瓷器的應用開闢了廣闊的前景。

德清窰黑釉四繫罐
這是東晉官窰工場的製成品。黑釉在東漢開始出現，在浙江的德清更有專門燒製黑瓷的窰址。至東晉時，黑瓷的技術成熟，黑漆色澤烏黑光亮。

黃釉綠彩四繫罐
瓷罐上半部分施釉，下部露胎，這是早期瓷器的特徵。而綠釉掛彩開創了唐三彩的先聲，是北朝瓷器中的精品。

葉脈紋組合而成的圖案

流口

青釉瓷罐
這是東晉越窰的產品，用以盛水，釉色豐滿，製作規整，是長江下游地區早期瓷器的代表作。

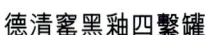

刻紋青釉尊柄罐
西晉以來，流行用雞首作裝飾，到南朝，瓷器趨向實用和輕便，流口不再作雞首造型，雞尾演變成手柄，雞翅演變為繫。

活躍的手工業
④ 絢麗多彩的紡織品

三國時代，蜀、吳的紡織業盛於曹魏。其後，南北方在織造方面各有發展。南方地區衣料一般以葛布、麻布為主，但蠶桑與絲織業已興起。這一時期，棉布從西域傳入中原並開始流行，印染技術也有發展。南北朝時期，全國紡織品產量大增，絲、麻、棉的生產逐步遍及全國。北方地區，尤其是西北地區，紡織業最為著名。

絲織品

魏晉以前，中原地區的蠶桑養殖就比較發達，山東、河南是主要的產絲地區。其後，其他地方的絲織業開始興起。三國時，蜀中織錦已負盛名。兩晉以降，北人南下，絲織業也隨之南移，南方只重麻織業的局面開始改變。南北朝時期，北方地區依舊是絲織業的中心，而西北紡織業極為著名。南方的織造技術雖然發展迅速，但絲綢產量還不是很豐富，百姓所穿仍以葛、麻為主。

葛布、麻布

三國時代，吳國葛布和麻布的生產在當時最為發達。左思《吳都賦》中有"蕉葛升越，弱於羅紈"的句子，蕉葛、升越是細密的葛布和越布（麻布），其柔軟程度僅次於羅紈（絲織品），可見其織造之精美。東晉時期，南方紡織業以織布業最為興盛，皇帝賜贈大臣多用布匹，百姓軍士亦着布衣。到了南朝，紡織品中以麻織業為著，當時許多官吏和平民都穿麻布或葛布。

紡織機械的革新

紡織業的發展，有賴於紡織機械的革新，特別是提花機的改進。三國魏時，馬鈞改進綾織機，使織成的提花綾錦花紋圖案更為完整，且省工省時，操作簡便。東晉時發明了三錠腳踏紡車，操作時可以手腳並用，快捷方便，得心應手。新疆出土的絲織品中，織錦、織綺、紋羅、絹、縑、染纈、刺繡上面印染工藝的色彩，已達到非常美觀的境界，尤以染纈和夾纈等物染色的顯花方法，更為動人。

類似城廓的圖案，中間有"中"字

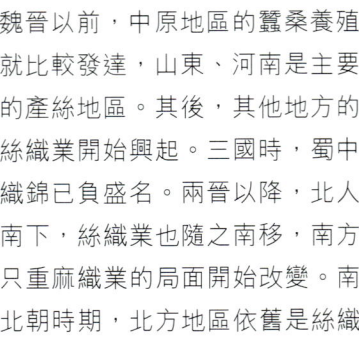

高句麗錦　　　　　　　　　十字箭嘴圖案
高句麗輸入及接受了大量中國文化，紡織技術也不例外。這塊棕黃色絹上重墨繪上圖案，或是表現高句麗眾多連綿山城的帛畫。

絲帛捲起，用繫帶捆綁在駝背上，便於運輸

彩繪陶駱駝
這是絲綢之路的駱駝形象，背負一包裹着絲帛的行囊，說明中國向國外輸出的商品以絲綢為主。

棉布、毛紡織品

由於南方盛產麻織品，麻布成為許多人的衣服原料，但在棉布從西域傳入中原後，"白疊布"即取代了麻布，南方少數民族，已有開始穿棉布者。南北朝時期棉布和錦同時被用作流通手段，可見棉布產量不會很少。新疆吐魯番地區，是當時主要的產棉區，于闐地區的棉織印染手工業也著稱於世。這個時期，北方毛紡織業的產品行銷全國，毛氈的編織技術也得到發展。新疆若羌、米蘭遺址中出土的S形打結法，其底經底緯是斜紋組織，即是編織技術發展的明證。

樹紋錦

中國先進的養蠶技術和高超的織造工藝，生產出精美的絲織品，其中最高級的是織錦。這幅是北朝漢地生產的錦，重視色彩的搭配。

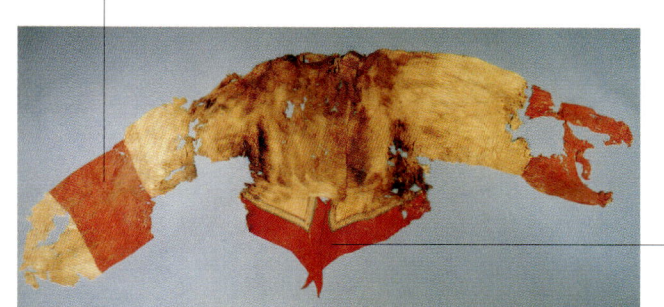

廣袖

尖襟

尖襟廣袖紗綺夾衣
居於西域絲綢之路沿線的婦女，與中原地區一樣流行穿寬袖上衣。

魏晉南北朝以來，絲綢之路上不僅中國絲織品遠銷海外，還有中亞、西亞地區的絲織品、毛織品輸入中國，其中由於波斯錦的圖案裝飾具有新穎獨特的異域風格，故深受歡迎。南北朝時期，中國內地甚至出現仿造波斯錦的織物。

以樹為主題圖案

以成對的鹿、鳥等為中心，以勾蓮紋組成花紋單元

藏青地禽獸紋錦
波斯薩珊王朝常將花草、樹木、動物、飛鳥等組成成對的圖案，加上對稱的線條和聯珠紋，色彩豐富，對比鮮明。這是在北涼生產的仿波斯風格的錦，成為當時織錦中的精品。

玄學與道教

① 時代的氣質——玄學

玄學是中國學術史上繼兩漢經學之後堪稱標誌性的學術，也是魏晉南北朝時代一種突出的意識形態，反映了這個時代的氣質與特徵。魏晉南北朝作為"精神上極自由、極解放、最富於智慧、最濃於熱情的一個時代"，玄學的出現堪稱當時思想解放的表現。

玄學是時代思潮

漢武帝獨尊儒術後，儒學在思想上佔據統治地位。雖然在漢末一度受到曹操等與儒家名教(倫理綱常)相對抗思想的衝擊，但隨着司馬氏掌權，名教綱常又重新得到提倡。不願與司馬氏合作的人，以嵇康、阮籍為代表，這時便起來反對名教、綱常，主張"越名教而任自然"。他們認為名教壓抑人的天性，阻礙人發揮個性自由，人應當自由自在地生活，不受任何約束。這種否定現存統治秩序的思想，發展到後來產生消極的一面，持這種思想的人往往放浪形骸、玩世不恭，於是人們重新檢視名教的作用。

名教與自然的關係是玄學的重要論題，在魏晉思想界始終備受關注，後來變成士族立身處世及其與現實政治的關係問題。過分強調自然而毀棄禮法，或過分推崇名教而貶抑自然，都不符合士族門閥的需要。玄學的運思目標，就在於達到名教與自然的圓滿統一，玄學家最終完成了士族門閥既肯定綱常名教、又追求放任超脱的理論論證。

墓室山水圖
這幅山水圖繪於東魏茹茹公主墓室主壁正中的醒目位置，不但具藝術價值，而且可以反映一個重要的時代特徵——探究玄學，浪迹於山水間，是不少有識之士追求的生活。

探尋宇宙的本源

玄學是指對《老子》、《莊子》、《周易》這"三玄"的研究與解說。玄學的產生有社會政治的原因，也有思想和學術的淵源。兩漢經學盛極而衰，玄學家便援引老莊思想來闡釋儒家經義。玄學經歷了幾個階段的發展過程，代表人物分別有何晏、王弼、阮籍、嵇康、裴頠、向秀和郭象。他們對宇宙的本源進行思辨性的探索，深入討論有與無、本與末、體與用、一與多、動與靜、言與意、才與性等形而上學抽象命題。當時是一個思想相對解放的時代，玄學家不拘一格，不尊一家，立論高下的衡量標準是抽象思維能力的高低，因此能獨抒己見。與漢朝神學化的經學講究天人感應等相比，玄學家熱心探討、反覆辯難的問題具有很高的思辨價值。

碁子方褥

斑絲隱囊

高齒屐

《斲琴圖》中的時髦用具

齊梁時期的文人流行四種事物：長簷車、高齒屐、斑絲隱囊和碁子方褥。從《斲琴圖》中的這三個人物可見四種時髦用品中的三種。高齒屐可使人有飄逸感。斑絲隱囊即靠枕，一般為鵝蛋形。碁子方褥為隨身坐具，材料為高級毛織物，用時攤在地上"獨坐"。

文殊

執塵尾扶几的維摩詰

塵尾

雲崗石窟維摩詰

維摩與文殊辯論

維摩詰居士在佛教人物中以"辯才無礙，遊戲神通"著稱，大受貴族和士大夫階層歡迎，正是時人崇尚玄學清談所致。維摩詰形象受玄學影響，"秀骨清像"，手持塵尾。

玄學基本的觀念

觀念	解釋
本與末	兩者代表了本根和末節、本始和末終，還有內在本質和外在表現的含義。
體與用	體即本體或實體；用即作用或功用。
動與靜	動包含變易、有欲、有為、剛健等；靜包含常則、無欲、無為、柔順等。乾坤的動靜交替，產生了萬物，動靜的關係是互相依存、包含或轉化。
言與意	言即言語、論說；意即思想、義理。魏晉玄學家對兩者孰輕孰重有三種說法：1.言不盡意，認為言不完全表意；2.言盡意，認為言以表達思想，所以兩者關係是互相依存的；3.得意忘象，認為做到無言無意之境，更能領略世事萬物的精神。
才與性	才即人的才能，性即人的性情，對性如何形成則引起較多爭論。

不顧禮俗的
竹林七賢

"竹林七賢",即嵇康、阮籍、山濤、向秀、王戎、劉伶和阮咸七人,是魏晉時清談與玄學的代表人物。這個文人羣體以老莊玄學思想為精神寄托,優遊於山林之間,以縱酒談玄、放任灑脫著稱,但是,他們人品各異,思想觀點也有差別,人生際遇與最後歸宿更不相同。這七人的經歷和主張,可以反映出當時傳統儒學和新興玄學勢力的消長。

嵇康反對司馬氏奪權,終身不仕而被殺。他的《與山巨源(山濤)絕交書》極為後人推崇,他在養生與音樂方面也很有素養。與嵇康齊名的阮

竹林七賢的放浪事迹

竹林七賢	放浪事迹
劉伶	縱酒放達,常裸體在家,自謂以天地為棟宇,屋室為褌衣,何裸之有?
嵇康	有奇才,曾獲山濤舉薦任官,他卻以長文與之絕交。
阮籍	母親將死,仍與人對弈,並蒸肥豚,飲酒至吐血方止;又曾與鄰家酤酒,盡醉,在鄰家婦人旁邊睡覺,但並無他意。
阮咸	不愛守禮法,飲酒用大盤而棄用杯子,又與羣豬共飲。

竹林七賢磚刻畫

圖中諸人都近於袒胸,赤足,坐於樹下或舉觴,或撫琴。畫家有意描寫"相與為散髮裸身之飲"的不為世俗禮節所拘的情形。在因政見招致殺身之禍的環境下,喝酒遁世是求存的方法,雖名士亦身不由己。

阮咸　　　　　　　　　　劉伶　　　　　　　　　　向秀

籍,雖然不得已向司馬氏低頭,但仍採取消極態度,他與嵇康一樣,反對虛偽的名教制度,主張返歸自然,文學造詣亦頗深。其次,阮咸、劉伶俱為當時隱士,沉醉於豪飲。山濤、向秀、王戎早期與嵇康、阮籍共遊竹林,但晚年均出仕西晉,向秀在玄學理論上成就極高,而王戎則是出名的貪婪之徒。

竹林七賢身上帶有當時士大夫和文人鮮明而特殊的時代特徵,這一羣體的分化,反映出當時文人士族政治傾向的不一致。竹林七賢在當時極具名望,東晉南朝著名畫家戴逵、陸探微都曾繪過七賢。1960年在南京南朝墓出土的"竹林七賢"磚刻上刻劃的七人形象,逼真地反映了他們各自的內心思想、處事態度與性格特點。整幅壁畫以樹木分開,七人各自成一單獨畫面,但又能有機地聯成一幅長卷。

竹林七賢磚刻畫中的嵇康

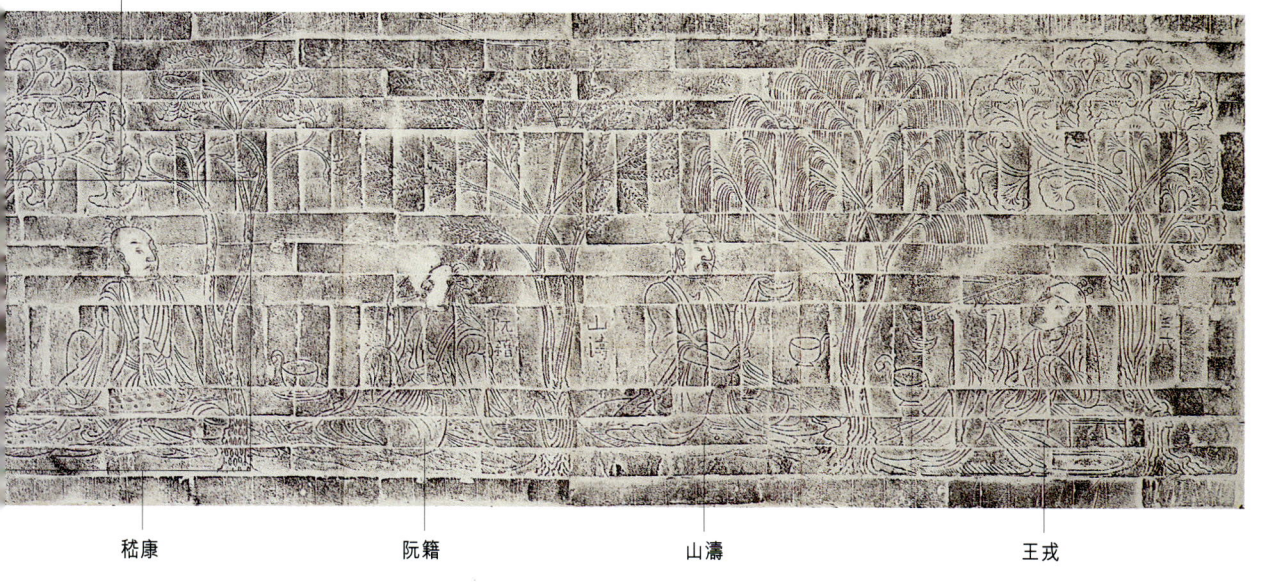

嵇康　　　　　　　阮籍　　　　　　　山濤　　　　　　　王戎

玄學與道教

② 道教的成熟與定型

道教是中國土生土長的宗教，它脫胎於巫術，與道家思想有聯繫，但又有顯著的差異。魏晉南北朝是道教發展的重要時期，它經歷從民間宗教逐漸走向被統治者承認、信奉的宗教的過程。在這過程中，道教本身也趨於成熟與定型。

飛鳥人獸樓閣魂瓶

魂瓶是一種葬俗明器，東吳晚期至西晉時期盛行於長江中下游地區。這個魂瓶上有神獸靈禽的立體堆塑，是道家思想興盛的寫照。

道教的改革

原始道教形成於東漢晚期，開始時流行於民間，往往被利用來發動反政府起事。魏晉以來，一部分道教徒與上層統治者結合，為道教的發展開闢新途徑。東晉的葛洪、楊羲，南北朝的陸修靜、陶弘景、寇謙之等人，又先後改造南北方的道教教義與修煉方法，系統闡發道術與理論，全面整理儀式與典籍，使之成為成熟定型的、具有中國特色的宗教。這一過程，使道教演化為更符合統治者需要、並為國家所承認的宗教。道教教義迎合世家大族的需要，世家大族尊奉道教的人數急劇增加。道教影響擴大，甚至皇帝也加入信徒的行列，政府設立專門的道教機構。道教徒擁有自己的道觀和館田，還有專供役使的力徒和館戶。

道家與道教的異同

道家與道教無論在理論上還是實踐上，雖然相互影響，但又有明顯的區別。魏晉以後，雖然道家始祖老子逐漸被道教徒神仙化，但以老莊思想為代表的道家學說仍屬於哲學範疇，與道教的教義在根本上背道而馳：老莊思想崇尚自然，主張無為，提倡清心寡慾，並無求仙之說，這與道教追求長生不老、白日飛升、上天成仙迥然而異，但後者卻廣受羣眾的接受和信仰。

道教徒的追求

道教是中國傳統文化的一個組成部分，具有濃厚的民族特色。道教徒的最高目標，就是活着成仙，而不是死後回到神的左右，這又與其他宗教思想形成了鮮明的反差。道教追求的是現實解脫而不是來世超生，這是中國傳統文化在宗教神學上的反映。作為宗教神學的道教，其中有引導人們向善的一面，但也有些迷信荒誕，安於現狀的成分較多。

浮丘公　麈尾　高齒屐　鳳凰

在今江蘇句容市東南28公里，與金壇市接壤，自漢朝已
有道教人士在此活動，至魏晉南北朝，在陶弘景的影響下，
成為南方道教的集中地。陶弘景在茅山隱居期間，搜集整
理上清派的經訣寫成道教的重要著作《真誥》。

題 "道民女官王阿善乘車上"，
即此石像的供養人

玉皇士，是供
養對象的題名

道冠

道服

女官

王阿善造老君石像

這是北魏時期的石刻造像，可反映當時道教人物的衣着服飾。

王子喬

方褥

吹笙引鳳圖畫像磚

浮丘公是仙人，而王子喬則
是周靈王的太子，他好吹
笙，一次到伊、洛遊玩，遇
上浮丘公，一起騎鶴上嵩
山。這個故事正切合了魏晉
士人追求仙道的心態。在人
物塑造方面，表現出時代特
色。

羽人騎麒麟畫像磚

有羽翼的仙人是道家推崇具有與神溝通能力的仙
人，麒麟也是道家神獸。羽人騎麒麟畫像磚可以
將墓主人帶入嚮往的仙境。

佛教風靡中國

① 佛教的傳佈與發展

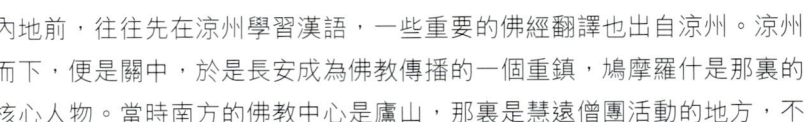

起源於印度的佛教，兩漢時代開始傳入中國。魏晉南北朝時代，佛教得到廣泛的傳播，並曾一度成為"國教"，對當時國家政治、社會生活和文化思想產生了重要影響，成為意識形態領域中的一個主要組成部分。

褒衣博帶式的衣服

胡僧西來

兩晉時代，許多西域僧人沿絲綢之路進入中國中心地帶，東漢至西晉間的佛僧幾乎全是西域胡人，他們為中國佛教的發展與繁榮作出了極大的貢獻。當時佛教傳播中心有三處，一在涼州，一在長安，一在廬山。涼州地區是胡僧來到中原前的中轉站，那裏政治相對安定，許多西域僧人到內地前，往往先在涼州學習漢語，一些重要的佛經翻譯也出自涼州。涼州而下，便是關中，於是長安成為佛教傳播的一個重鎮，鳩摩羅什是那裏的核心人物。當時南方的佛教中心是廬山，那裏是慧遠僧團活動的地方，不過承擔南方佛教事業的慧遠已是漢族人了。到北魏興起，平城與洛陽先後成為佛教重地，反映在石窟藝術上，涼州模式先影響到平城，又隨北魏孝文帝的遷都轉而及於洛陽。在南方，佛教於建康也盛極一時。可以説，佛教在中國的傳佈，基本上是由西向東，再自北而南，西域僧人在其中起到了極其關鍵的作用。

龍門石窟賓陽洞

孝文帝遷都洛陽後，北魏開窟造像的中心移到了龍門，其中孝文帝遷洛後及宣武帝時期是第一次高潮。龍門現存石窟二千多個，造像十萬多尊，其中三分之一在北魏時完成。其中最重要的當屬北魏皇室經營的賓陽三洞（中洞、南洞、北洞），雕刻面貌和裝飾吸收了南方崇尚的"秀骨清像"式。

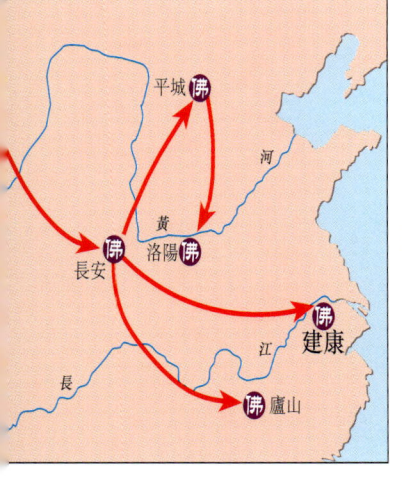

魏晉時代佛教傳播的中心及路線

佛教由西域經絲路進入涼州，尤以敦煌最蓬勃，然後進入關中的長安，這都是胡僧積極傳教的成就。北魏君主崇佛，故佛教又在北方的平城及洛陽大盛。到佛教在中國紮根後，漢僧又在江南弘教，形成廬山、建業等佛教中心。

佛教紮根中國

因為玄學盛行，佛教為求發展，最初是以玄學的面目出現的，它極力依附玄學的一些基本理論。佛教勢力擴大後，也力圖擺脫玄學而自張一幟。但是佛教一旦進入中國文化系統，就不僅要受傳統倫理觀念的抵制、夷夏觀念的排斥，而且還受到中國本土無神論思想的挑戰。因此在傳佈的過程中，它又必須逐漸地在自己的宗教哲學、傳教方式和政治理論上迎合儒家的道德思想，對許多外來經典進行有選擇的譯注和調整。經過兩個世紀的奮鬥，佛教終於紮根中國，與儒學、道教鼎足而立。這一時期，佛教本身在寺廟建設、經書翻譯、造像、壁畫等方面，也取得了可觀的成就。

釋迦牟尼造像碑

此造像碑在北魏太昌元年（公年532年）製成。人物眾多，浮雕、透雕的手法集於一體，工藝精湛，是北朝造像碑的精品。

釋迦牟尼 ———

彌勒菩薩 ———

供養人 ———

信徒特寫

信徒乘車和騎馬而至。右面的車為長簷的牛車，左面的騎馬者則有侍從在後撐着傘蓋，這都是漢族的生活方式。可見北魏時佛教已在中國人的圈子中盛行。

河南嵩山少林寺初祖庵

北魏太和十九年（公元495年），在洛陽故城附近的嵩山中建立佛寺。公元507年，印度僧人菩提達摩在此首創禪宗。歷史上稱達摩為禪宗初祖，奉少林寺為祖庭。由於這裏是達摩創立禪宗之處，故稱"初祖庵"，現大殿和千佛閣仍存。

佛教風靡中國

② 譯經與佛教中國化

佛教初傳中國，政府明令禁止漢人為僧，當時只有將梵文的佛經譯成中文，才能使佛教教義為人所知。要使佛教思想為廣大民眾所接受，則必須將佛教教義與中國傳統觀念相結合。佛教中國化不僅伴隨着其傳播過程的始終，而且在以後繼續深入，產生巨大影響。

佛經的翻譯

最早的佛經漢譯本是《四十二章經》，相傳為東漢時迦葉摩騰和竺法蘭共譯。到兩晉南北朝時，譯經事業有極大的發展，參與翻譯的人數之眾，譯出經籍的數量之多、質量之高，譯經涉及的佛教流派之廣，均屬空前。當時湧現出許多著名的佛經翻譯家，例如竺法護、道安、真諦等。特別是譯經大師鳩摩羅什在長安主持翻譯的眾多佛教典籍，對中國佛教哲學的發展、中國佛教各宗派的形成，都有極大影響。整個南北朝時期的譯經已達五百多部。而以法顯為代表的中土僧人，甚至還西行取經，爭取佛教事業的進一步發展。

佛學開始中國化

佛經的翻譯，實際上就是對佛教思想的理解、介紹與闡發。不少僧人通過玄學清談和世家大族來傳播佛教，在傳譯時使用玄學家的一些術語。在援引中國的傳統概念來翻譯、解釋外來的佛教概念的同時，中國僧人還對佛學進行闡釋，對教義進行改造，這其實是佛學中國化的開始。一些高僧如支遁、于法開等不僅精通梵文，亦善義理，僧肇、慧遠、竺道生等更是提出了各自的佛學思想。他們的努力，為隋唐時代中國佛教走上獨立發展的道路打下了基礎。

南北朝譯經數量統計表

南朝的譯經數量比北朝多，這與南朝的文化水平較高有關。

朝代		譯經數
南朝	宋（公元420～479年）	465部717卷
	齊（公元479～502年）	12部33卷
	梁（公元502～557年）	46部201卷
	陳（公元557～589年）	40部133卷
北朝	北魏（公元386～534年）	83部274卷
	北齊（公元550～577年）	8部52卷
	北周（公元557～581年）	14部29卷

敦煌莫高窟的福田經變

修福田即行善積德，多與社會公益建設有關，福田思想與中國傳統的善惡報應觀念相近，故此，《佛說諸德福田經》在兩晉時譯出後便受到重視。

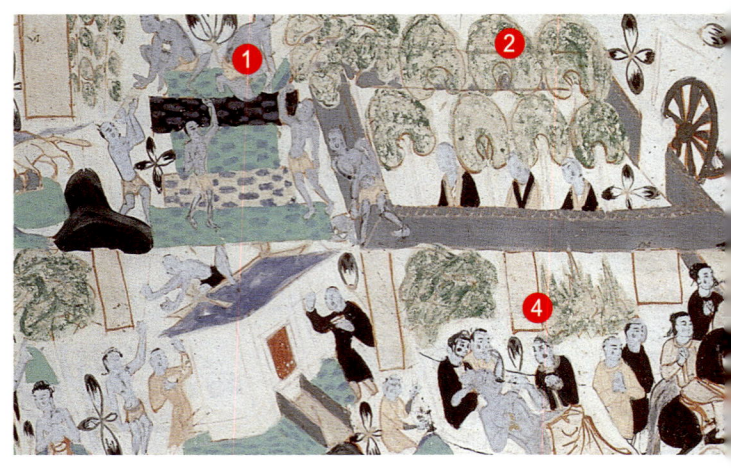

佛教信仰在民間流行

由於佛經的大量翻譯和佛教教義的深入人心，佛教在中國大地迅速傳播，佛教信仰在民間廣泛流傳開來。在深奧的佛學理論中國化的同時，通俗的佛教信仰也向中國民間社會靠攏，努力化入民眾的血肉肌體之中。芸芸眾生之上有神通廣大、法力無邊的佛、菩薩，現實世界之上存在着極樂世界，求佛拜菩薩能夠消災得福，現世積德死後可以進入極樂世界──這些被普遍接受的信念都是佛教帶給中國民間社會的。前生今世、生死輪迴、投胎轉世、天堂地獄、因果報應的觀念，觀世音菩薩、彌勒、阿彌陀佛的信仰，於此時廣為流傳，一個中國化的教派──淨土宗正在孕育。建寺立塔，開窟造像，這些求福積德的宗教實踐，風行於五六世紀的中國大地。從某種意義上講，五六世紀的中國民間社會是佛教的天下，佛教信仰流行民間也是佛教中國化的一個方面。

鎏金菩薩造像

佛教普及，鎏金青銅造像大量湧現，這是平民百姓崇佛的方式。此菩薩像穿寬衣博帶式袈裟，具典型的東晉南朝風格。

斯里蘭卡的阿佩蓋里佛寺

今斯里蘭卡即魏晉南北朝時期的獅子國，公元409～411年法顯留居此地，並在阿佩蓋里佛寺求學。

法顯西行求法的路線

法顯西行是為了尋求戒律的。他在後秦弘始元年(即東晉隆安三年，公元399年)由長安經陸路啟程，到公元412年乘船回國，前後共十三年多。回國後，他便南下建康，與其他名僧合作譯出取歸的佛經，又寫成了《佛國記》。

1 修築佛寺
2 建果園供人乘涼
3 建路掘井
4 施藥救人
5 築橋便利往來交通
6 在路旁建小精舍供行人歇息

佛教風靡中國

③ 佛教與中國傳統信仰的融合

佛教進入中土後，為了盡快在中國紮根，傳教初期在很多方面均依附於儒道文化，使民眾易於接受，在宣傳佛理時也採用了最易理解的方法，甚至出現佛道神像在同一寺院中供奉的現象。在這種傳教政策之下，佛教在魏晉時期廣被接受，更進而影響到中國人原有的信仰；與儒道的融合，則是佛教向中國化發展的第一步。

菩薩裝

融合儒道的傳教方法

佛教以一種外來文化進入另一個背景完全不同的文化中，想要打進民眾的圈子，先是依附於儒家與道教兩種本土文化。僧人在譯經或撰寫佛經時使用儒家及道教的觀念來解釋佛理，這些痕迹在早期佛經中尤為明顯。那些最初到中國傳教的僧人，仿效道教的方士或神仙家，自稱有預占吉凶、治病等功能。在宣揚佛理方面，魏晉時期開鑿了大量石窟，在窟內雕塑佛像、繪製壁畫，把佛經故事或道理用淺顯易懂的畫面圖解出來，以此在民眾中普及佛教知識。著名的石窟如敦煌石窟、雲崗石窟、龍門石窟等在這一形勢下湧現。

與俗神信仰並存

魏晉時各國的統治者都推崇佛教，佛教在民眾中亦非常盛行，與此同時，中國自古已有的自然崇拜、偶像崇拜和巫術占卜等信仰仍並行不衰。結果，源於自然崇拜的日神、月神、水神、電神等，以及源於神話中的偶像，一一出現於佛教壁畫中。這些俗神信仰的形象，有繼承漢朝畫像的、有外來的、有中西合璧的，當時民眾對信仰兼收並蓄，成為顯著的時代特徵。

佛教在中國的世俗化

佛教在中國社會能深入民心並產生巨大影響，不僅由於其宗教精神和義理，而且民眾也被佛教所構築的理想境界及簡便易行的信仰方式吸引，形成經常拜神燒香、祈福消災的習俗，人們着眼於累積功德，目的是謀求來世的幸福。可以說，佛教在中國已演變成一種世俗信仰了。

西方日神

這個日神形象外形與佛教的菩薩無異，是西亞和中亞文化結合的產物。車兩側的兩馬相背奔馳，象徵太陽從東到西，從西到東，往返無窮。這又與古希臘的太陽神赫利俄斯相似，同樣每天乘雙輪四馬車出遊。

佛教的"五戒"

| 不殺生 | 不偷盜 | 不邪淫 | 不飲酒 | 不妄語 |

儒家的"五常"

| 仁 | 義 | 禮 | 智 | 信 |

佛教與儒家的對應概念

佛教積極與儒道調和，又將儒家觀念與佛理融匯貫通；因果報應的觀念又補足了儒家原有的架構，強調佛教和儒家的共通之處，更易獲中國人接受。

矩　　伏羲　　　　　　　　　　　規　女媧

天皇，源於創世神話及祖先崇拜，有祈福禳災之功

佛教壁畫上的中國傳說人物

在佛教壁畫中出現不少非佛教信仰的形象，這些形象來自俗神信仰，伏羲和女媧是中國古老的神話形象，既是日月神，又是人們傳說中的創世神。古人認為天圓地方，而"無規矩不足以成方圓"，手拿規矩代表創造萬物。

人身　翅膀　龍首

雨神

這是中國的傳統雨神形象，一邊在空中飛行一邊向人間降雨。自佛教傳入後，佛教中有行雲和佈雨能力的龍王代替了中國原有的雨神和水神河伯。

佛教風靡中國

④ 民間信仰與葬俗

在佛教傳入中國以前，儒家及道家，是民間信仰及習俗的主導。在漢朝及魏晉南北朝時期，佛教開始傳入，三者互相影響，不斷融合，各種固有的觀念隨之變化，對傳統習俗及禮儀方面也造成衝擊。儒佛互相影響的痕迹，表現在對死亡的觀念及喪葬儀式上更為明顯，而這種轉變亦漸成中國傳統思想文化的一部分。

對死亡的態度

死後的世界一直是人類亟欲破解的謎團，道教相信有神仙存在，信仰者的修持目的是追求長生不老及成仙得道以為超脱，以煉丹服藥為手段，在南北朝時風行了一段時期。儒家思想中諱言死亡，不主張人們常為了死後那個未知的世界抱有任何的寄望與想像，所謂"未知生，焉知死"，人應在現實生活的言行中，恪守儒家的道德標準，尤以孝義為本，以塑造完滿的人生。反觀佛教在印度形成，到傳入中國時已建立了一套完整的思想體系，尤以因果業報來解釋生命的輪迴進程。也正由於它解答了儒家迴避的問題，故此佛教在漢及魏晉初傳中土時，已吸納了廣泛的信徒基礎。

喪葬觀念的改變

儒家重孝，父母身故，子女要守孝三年，以表哀思與追悼。隨着佛教的傳入，強調以佛法來超度父母才是最大功德，使雙親在生時修持佛法，死後得到超度升天才是真正的孝子。把佛道與孝道連上關係，也是佛教極力調和與儒家衝突之處，務求適應本土民眾習慣的做法。

佛教有"三世因果"、"輪迴轉生"之説，認為人的作業會在死後及下世有報應，而淨土及地獄便是人死後的兩個歸宿，行善者升極樂淨土，作惡者入地獄受苦。中國自南北朝以來，寺院石窟便出現地獄圖，以勸善懲惡，宣揚因果報應。而在世兒孫為使亡親早離地獄，便要不遺餘力做追福超度。儒家之孝變為佛教之孝，中國傳統喪葬觀念隨之有了改變。

山字形帽，是仙人與天神溝通的象徵

燈座圈

羽人青銅燈座
羽人衣着是典型的南朝平民服飾；而從他站於蓮花座來看，其身分應是仙人。蓮花座又帶有佛教意味。

乘鶴仙人　　　　引前

喪葬程序及方式

受到佛教的影響，其喪葬的儀軌一面影響中國傳統的習俗，一面又互相融合。如喪葬儀式，沿《禮記‧王制》的古禮規定，不同等級須遵守不同的葬俗，如天子殯殮七日，一般庶民只需三日等；佛教則有源於印度的七期追福的喪俗，在中國始見於北魏，並在敦煌流行，至唐朝已成當地風俗。出殯儀式則在儒教禮制上加入佛教成分，如幢幡高擎，並以伎樂送葬等。最後，在殯葬儀式方面，孝子臨壙設祭，三獻祭奠，先行儒家禮儀，接着由在場的僧尼及男女信徒共同念佛號十遍，並用佛教的禮儀。

佛教對傳統葬俗的影響，特別值得注意的是對入葬方式的觀念轉變。土葬是中國固有的傳統，火葬則是古印度的葬法，據載釋迦牟尼也用火葬。不過，在漢族的儒家思想中，火葬向被認為是慘虐及不合人道的。但在佛教傳入中國後，僧尼也開始行火葬，並漸成為僅次於土葬的喪葬方式。

鎮墓獸
鎮墓獸是墓葬中不能缺少的東西，有驅除邪靈，以保死者靈魂得到安息的作用。

陶犀牛

平民喪葬圖
一輛由牛所拉動的靈車，上有人字坡形白帳，帳下放置了隨葬明器。靈車無人挽送，一人頭頂祭盤走在前頭。

以對雞作供品

佛像

樓闕

黑釉樓閣佛像魂瓶

⑤崇佛與滅佛

佛教迅速普及,對傳統社會帶來巨大衝擊,意義深遠;它的社會影響與社會勢力越來越大,因而在政治上、經濟上與國家政權之間的矛盾也日益突出,在思想上與傳統文化、宗教之間的矛盾也進一步激化。這些矛盾相交織,輕則在南方發生神滅與神不滅的爭論,重則在北方出現了"滅佛"事件。

佛教興盛與佞佛之風

佛教雖是外來宗教,但到了魏晉南北朝,已極為盛行。在佛教傳佈過程中,許多上層人士,特別是帝王也成了皈依者,他們對當時佞佛風氣的形成起了重大的推動作用。最為典型的當屬南朝梁武帝蕭衍,他在位數十年,廣建寺廟,盛造佛像,甚至自己四次捨身同泰寺。當時佛教興盛的程度,還可從洛陽城與建康城中的寺廟數量窺見一斑:北魏末年,洛陽有寺一千三百多所;梁末,建康有寺七百多所。

從佛教鼎盛的現象中不難發現,一種異質文化給上至帝王下至百姓帶來了多麼巨大的震動與衝擊,它改變了人們的信仰,改變了人們的思想,改變了人們的生活,它影響到當時的政治,影響到當時的經濟,影響到當時的習俗,總之它幾乎改變與影響了整個社會的各方面。日後的中國社會,已無法徹底擺脫佛教。

皇帝
僧人在前頭引導
官僚及隨從
皇后

鞏義帝后禮佛圖

全圖分為三層,每層由比丘和比丘尼作前導,後隨皇帝、皇后和侍從,前呼後擁,是北魏皇室的宗教活動場面的反映。眾人均面向窟門,表示禮佛行列正徐徐走向佛殿。這是中國僅存的石刻帝后禮佛圖。

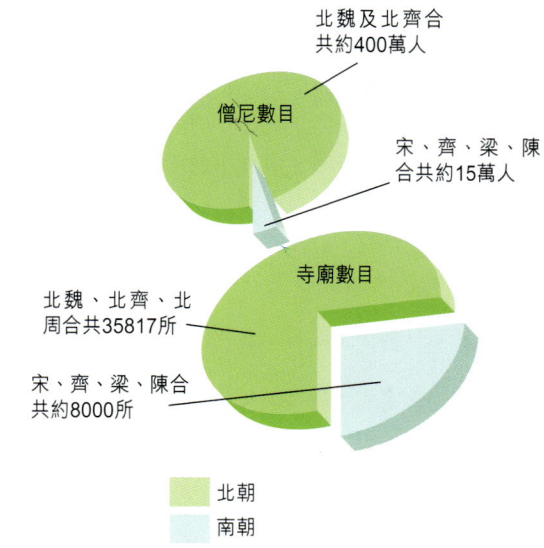

《洛陽伽藍記》所載洛陽城佛寺分佈

"伽藍"即梵語佛寺的音譯。據載,北魏首都洛陽有佛寺一千三百多座。北魏君主崇佛,直接助長了佛教的興盛。

金墉城

穀水

陽渠

洛陽城

洛水　伊水

佛寺　城牆

北魏及北齊合共約400萬人

僧尼數目

宋、齊、梁、陳合共約15萬人

寺廟數目

北魏、北齊、北周合共35817所

宋、齊、梁、陳合共約8000所

北朝
南朝

南北朝時期寺廟和僧尼數目的比較

在公元4～6世紀,南北分裂。但南北朝各君主均有崇佛傾向,所以此二百年間,是佛教在中國發展的重要階段。北方鮮卑族主政的北魏,為強調自己的正統地位,把佛教視為正統宗教,大力提倡,建寺譯經蓬勃,佛教徒人數之多,遠超南朝。

"滅佛"事件

隨着佛教的興盛,寺院經濟極度發展。當時許多百姓生活無着,投身佛寺去當僧眾、依附民或奴隸,逃避役調租稅,寺院的土地、財產也大大增加。長此以往,僧眾人數越來越多,又不受政府約束,國家的人力、財力、物力大量轉移到寺院中去,朝廷收入卻越來越少,利益受到嚴重侵害。佛教在傳播過程中,與儒家與道教又一直存在矛盾。上述原因終於導致北魏太武帝與北周武帝分別於公元446年及574年兩次大規模"滅佛"*。在這兩次滅佛中,一些僧人或遭坑殺,或被強迫還俗,大量佛經被焚燒,寺塔被拆毀,寺廟被充為宅第。雖然"滅佛"之舉給佛教以沉重的打擊,但還是未能阻擋其在中國的傳播。

神滅與神不滅的爭論

在南方,佛教的興盛並未導致其與國家的大規模劇烈對抗,但思想界同樣出現了反佛的思潮。齊梁之際,范縝與竟陵王蕭子良之間對神滅與神不滅問題的爭論,就是表現在思想領域的排佛與佞佛之間的鬥爭。中國原本並沒有神靈轉世、因果報應的觀念,神滅與神不滅的爭論,固然屬於唯心論與唯物論的交鋒,一定意義上講也是傳統觀念與外來思想的衝撞。而中外文化的衝突和融合,豐富了中華民族的傳統文化,推動了中國文化整體的發展。

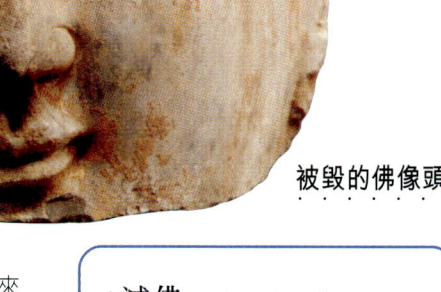

被毀的佛像頭

*滅佛: 中國古代共有三次滅佛,兩次發生在南北朝,一次在唐朝。因下詔滅佛的皇帝(北魏太武帝、北周武帝、唐武宗)帝號中都有"武"字,故總稱為"三武滅佛"。

小辭典

⑥ 禪修與石窟寺

魏晉南北朝時代，佛教氣氛幾乎籠罩全國各地。佛教重視禪修，即僧人習禪，思維修法，因此要選擇在幽靜的、遠離塵世的地方進行，而深山茂林與溪水相鄰之處，成為理想的開關石窟寺的地方。一時開山鑿窟與雕塑佛像，成為至為重要、歷時長遠的工程。迄今在中國陝西、甘肅、新疆、山西、山東、河北、遼寧、寧夏、河南、四川及江南等地仍然保存了許多石窟和數以千計的佛像。這些宗教作品，有濃厚的時代特色，具有極重要的歷史與藝術價值。

石窟的作用

從整體上看，北方佛教重修禪持戒的宗教修行，重修寺造像的宗教實踐。修寺造像在佛教信奉者眼中，是積累功德的行為，藉此可以追求來世的幸福。修禪與石窟又有密切的聯繫，僧人坐禪時，須到窟龕前觀看各種佛像，然後在幽靜處打坐回憶，以助入定。因此，石窟既是出家僧人的修煉場所，又成為一般信徒希望之寄托。北朝修造寺廟、開鑿石窟、建立佛像的數量之多，規模之大，都為南朝所不及。

石窟概觀

分佈於中國各地的石窟寺遺迹，可分為新疆地區、中原北方地區、南方地區三片。新疆是中國接受佛教最早的地區，因此新疆地區石窟開鑿時間最早，且保留的印度風格最為明顯。中原北方地區著名的石窟有山西大同雲

麥積山石窟

位於甘肅天水麥積鄉。此地一峰突起，如民間麥積之狀，故名。後秦時期始開鑿造像，也有供僧人及信徒禪修的禪窟。現存窟龕一百九十四個。

通往各窟的棧道

崗石窟、河南洛陽龍門石窟、甘肅敦煌莫高窟、天水麥積山石窟、永靖炳靈寺石窟、河北邯鄲響堂山石窟、山西太原天龍山石窟、寧夏固原須彌山石窟等等。在絲綢之路東部重鎮的敦煌，魏晉以來，中原文化與西方佛教在此融合，產生了燦爛的莫高窟藝術。由北魏皇帝主持開鑿的雲崗石窟和龍門石窟，其規模之大，雕塑藝術之高超精美，皆為後世所不及。南方地區石窟雖少，但風格獨異，這與地理因素和雕塑工藝有關。

講求守戒的故事畫

北朝石窟多供僧人和佛徒坐禪觀像，而壁畫故事中表現的捨身守戒之行，可供借鏡及引以為鑑。這是沙彌守戒自殺故事，講述一位年青沙彌寧自殺也不接受少女對他的愛意，體現了佛徒嚴守戒律的精神。

沙彌刎頸自殺以示清白

雲崗石窟未完成的造像窟

這是北魏皇室遷都洛陽以後，在雲崗石窟遺留的尚未完成的造像窟。窟中遍佈開鑿石塊的痕跡，這些石料多用於石窟寺的佛底座或建築柱礎。

北朝開鑿的主要石窟分佈圖

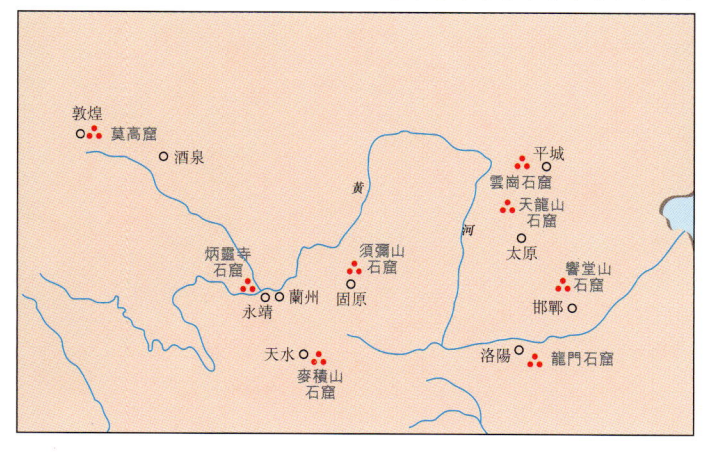

敦煌
莫高窟
酒泉
黃
平城
雲崗石窟
天龍山
石窟
河
太原
炳靈寺
石窟
須彌山
石窟
響堂山
石窟
永靖 蘭州 固原
邯鄲
天水
洛陽 龍門石窟
麥積山
石窟

雲崗石窟的造像窟

建造造像窟是為了讓信徒可在修禪時看到佛和菩薩的形象，並以他們的行為作楷模，以達致更高境界。這是個未完工的造像窟，石像身上未塑泥及施彩，但其神態的肅穆莊嚴已經呈現。

北魏平城的佛教中心

北魏攻佔涼州，長期活動在涼州一帶的僧人多集中到了當時的都城平城（今山西大同），於是佛事東移。經過北魏早期幾代皇帝的大力推崇與扶持，佛教發展已具規模，其後雖有太武帝"滅佛"，然而一旦文成帝恢復佛教，佛教便又迅速興盛起來。在道武帝統治時期，北魏著名僧人法果就帶頭禮拜皇帝，稱皇帝是當今的如來。這更助長了北魏皇室貴族的崇佛風氣，使他們不惜為佛事而耗費大量人力物力。位於平城附近的雲崗石窟是北魏皇室修功德作佛事的場所，開鑿於公元453年，在北魏時期極盛，延續至6世紀20年代，唐朝、遼朝仍有個別洞窟的開鑿和修建。

第20窟釋迦牟尼坐像

"曇曜五窟"在雲崗石窟中最為著名，第20窟是其一。因洞窟的前壁崩塌，本尊佛像暴露在外，極為矚目。塑像軀體碩壯，神態安詳，服裝具印度的風格。

質感厚重的半肩袈裟，邊緣有折帶紋，反映犍陀羅藝術的影響

晚期開鑿的洞窟

晚期開鑿的石窟都是小窟，只能容納一兩人修禪，排列也不規整。交腳彌勒為主像相當盛行，彌勒面容清秀、長頸削肩，衣着更明顯仿效南朝時尚，都是褒衣博帶，瀟灑飄逸。

晚期

北魏遷都洛陽以後，住在平城的鮮卑貴族爭相在雲崗開鑿石窟，這時多見貴族個人或集資開鑿的石窟。藝術水平比早期、中期的石窟差

晚期

北魏遷都洛陽，石窟工程逐漸停止

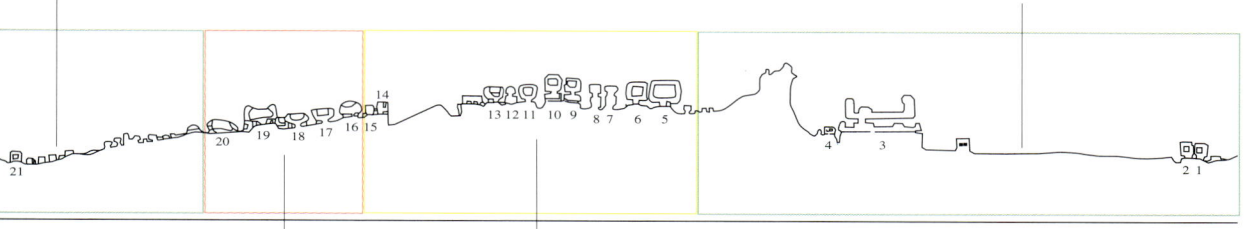

雲崗石窟平面圖

早期

以曇曜五窟規模最宏偉，具有古拙之風

中期

王室貴族開鑿的石窟，具有華美富麗之風，表現了鮮卑建立北魏以後的盛世

中期開鑿的石窟

這部分石窟屬中期開鑿，都由王室貴族捐資營建，每窟可容納十幾人或幾十人。中期的石窟排列比較規整有序，應是根據精心規劃進行施工的，集中排列在中部和東部。其中第6窟建造莊嚴華美，是孝文帝為祖母文明太后馮氏祈福而開鑿的。馮氏篤信佛法，並干預政務十多年，使佞佛風氣遍及全國。

王者風範的雲崗石窟

雲崗石窟開鑿的鼎盛期達數十年，它不僅是一項精思傑構的佛教藝術，同時也是一項耗工龐大的土木工程。雲崗石窟早期有著名的曇曜五窟，佛像造型仿效當時皇帝的形象，風格主要是挺拔勁健、渾厚粗樸，明顯表現出外來文化的特徵。

仿印度苦行釋迦形象的婆藪仙
這是雲崗石窟中期雕刻的婆藪仙像。婆藪仙是佛教中的外道，他形象枯槁，誇張地表現其瘦骨嶙峋，其雕刻工匠應不是本地人或中原人，而是來自印度的大師，體現了犍陀羅藝術的風格。

中期的石窟開鑿於文成帝以後至遷都洛陽以前（公元465～493年），出現了許多重要的窟龕，雕刻藝術取得了很高的成就，雕刻繁縟密佈，沒有空白之處。雕塑藝術是以自由奔放的風格著稱。窟內有眾多的佛像、翱翔的飛天、自由奔放的歌舞伎樂，以及珍禽異獸穿梭在花草之間，呈現佛國天堂美好歡樂的境界。除了佛教的形象外，為了適應中國本土信徒的理解，還融入了道教、儒家的內容。此外，在藝術手法上也是中西貫通，當時著名畫家顧愷之、戴逵、陸探微等所倡導的"秀骨清像"畫風，也影響雲崗石窟造像，此時的佛像面相清癯，眉目開朗，神采飄逸，有的服飾直接取自南朝士大夫階層褒衣博帶的式樣。

這種秀骨清像的造像風格一直延續到雲崗晚期，造像藝術更臻老練成熟，鮮明的民族藝術風格佔據主流，構圖典雅含蓄，線條流暢。而晚期石窟的窟形、造像風格多為龍門石窟等所仿效，成為中國石窟藝術民族化進程中一個顯著的轉折點。

曇曜五窟對應皇帝簡表
早期的石窟只為皇帝開鑿，佛像面貌體形仿照皇帝塑造。

窟號	北魏皇帝	在位時間	佛像特徵
第20窟	道武帝	公元386～409年	身體健壯，面龐豐滿，衣着厚重，高13.75米
第19窟	明元帝	公元409～423年	健壯高大，高16.5米
第18窟	太武帝	公元423～452年	身披千佛袈裟，面龐清秀，高15.5米
第17窟	景穆帝（追諡）		交腳彌勒坐像，高15.6米
第16窟	文成帝	公元452～465年	釋迦面相清秀，衣紋輕薄貼身，高13.5米

中期開鑿的第8窟內景

這是典型的中期石窟雕刻圖像的佈局。以佛龕為主體，講究左右對稱。這時期的佛和菩薩神態悠然自得，與玄學流行的魏晉風度有關。

三世佛造像

仿木結構的屋形龕中，是典型的三世佛佈局。在雲崗石窟中很常見，以後影響到龍門石窟的佛像雕鑿。

漢化的飛天與伎樂

第9窟至13窟滿壁雕刻佛、菩薩、羅漢、飛天等造像，雕飾瑰麗，富於變幻，故有"五華洞"之稱。這是第9窟中天宮奏樂歌舞的場面。飄帶飛逸不僅表示在天際飛翔，而且是受南朝服飾流行風格所致。彩繪為清朝時加。

絲綢之路的佛教聖地敦煌

莫高窟位於甘肅敦煌東南25公里的鳴沙山下。敦煌與酒泉、張掖、武威並稱河西四鎮，扼守"絲綢之路"咽喉，也是中西文化交流與佛教興盛的要地。

魏晉南北朝是民族融合、中外文化交流的時期，在河西走廊建立地方政權的少數民族，帶來同中原迥異的風俗和文化，具有粗獷放達的特徵。隨着佛教的傳入，中國與印度、尼泊爾等地佛教徒的頻繁往來，經書和圖像粉本源源而來，敦煌的畫師和雕塑匠們受到印度、伊朗、希臘的宗教與藝術的啟迪和刺激，從而使早期的莫高窟藝術虎虎而有生氣。這一切都在敦煌早期洞窟壁畫中得到反映。這時期的壁畫在土紅地色

莫高窟外景
莫高窟是敦煌最著名的石窟，它是世界上現存規模最大、保存最完整、保護最好的佛教藝術寶庫。

第254窟中心塔柱式石窟平面圖
中心塔柱式是敦煌石窟早期常見的形制。

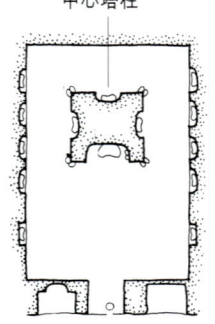

中心塔柱

佛龕　　　　　　　　　　圓券形大龕，內有塑像

繪有佛像、菩薩及各種花紋裝飾的基座

中心塔柱式石窟
這是第254窟的內景，洞內的後部中心位置立塔柱，由地面直伸至窟頂。兩側及後部的甬道，供信徒作右轉儀式及巡禮之用。

上，用簡練而質樸的筆觸與強烈對比的色彩描繪出菩薩、飛天和本生故事畫，其渾厚雄健的氣魄躍然於畫壁之上。

在現存約五百個洞窟中，十六國晚期至北朝的有四十多個。這一時期的各種洞窟形制融入了中國建築的特色，又與古代印度有不同程度的聯繫。如中心塔柱窟即源於印度用作佛教徒禮拜堂的"支提窟"窟形。北魏孝文帝漢化運動以後，莫高窟中塑像的造型也發生了變化：由健壯偉岸的氣貌，變為身長頸細、面貌清瘦的"秀骨清像"了；由輕紗透體的衣着，變為帶南朝士大夫模樣的褒衣博帶的裝束。外來的文化與民族的傳統，在敦煌這個中西交流的咽喉地區上發生碰撞、交互作用，這一切都顯現在莫高窟佛教藝術上。

風格豪放的壁畫
在土紅的地色上繪畫了乘坐於雁群和虎群上的佛弟子，充滿動感。畫面的裝飾感強烈。

強調犧牲救世的本生故事
本生故事是指釋迦牟尼在成佛前五百世的事迹，或是教化眾生，或是體現佛家修行的最高標準。這則尸毗王本生故事説，佛陀前生曾為尸毗王，為救鴿免被鷹吃掉，而鷹又不致餓死，願割己身之肉飼鷹。

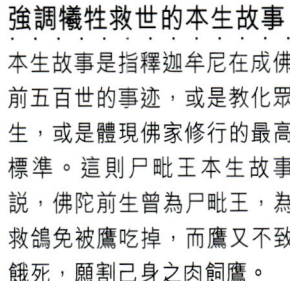

割肉 ————

窟壁上的精緻紋飾
敦煌壁畫內容豐富，窟內就連不顯眼的角落也會繪滿彩圖，為裝飾壁面而繪的圖案也令人目不暇給，展現了畫師的創意。圖中所見的雙猴紋，兩隻猴子在蓮花旁遊戲，刻畫生動。

⑦ 龍興寺與佛像窖藏

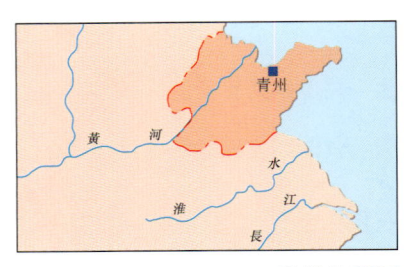

南朝和北朝除廣建佛寺、開鑿石窟外，也盛行在寺院中供奉各類佛像雕塑。1996年10月，考古學家在山東省青州市歷史上著名的佛寺——龍興寺遺址的廢墟中發現一處大型佛教造像窖藏，出土佛像二百多尊，其時代跨度自北魏歷經東魏、北齊、隋、唐直至北宋。其中北朝時期所造佛像數量最多、形體最大、雕刻最精美，生動地再現了南北朝佛教極盛的史實。

多元文化熏陶下的龍興寺

魏晉南北朝時代，青州由於地理位置特殊，成為各個政權爭奪的主要地區之一，先後歸屬於後趙、前燕、前秦、後燕、南燕、北魏、東魏及南朝的齊。南朝的世家大族和北魏的新興豪門貴族都相繼遷徙於此，青州本地的許多貴族也受到北魏朝廷的重用。因此，青州成為山東半島以至東部沿海一帶人才薈萃、文化發達的地區。此外，由於青州地處海濱，又具有海路交通的便利，不僅與揚州、南京、廣州相通，而且與南洋群島、印度之間海舶交通往來不絕。東晉高僧法顯在前往印度取經歸國時，就曾到此地宣揚佛法，使這裏成為北方佛教極盛之地。龍興寺就是在南朝和北朝多元文化氛圍的熏陶之下，發展成為著名的佛寺。

貼金彩繪石雕飛天

這應是北魏至東魏時期的雕像，此殘件原為一石雕佛像背後的佛光部分，其上的飛天面貌雕刻細緻。

細彎眉眼，高鼻、嘴角上翹

肩帛，襯以精美的瓔珞

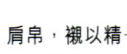

北魏石雕脅侍菩薩像

脅侍菩薩從胸部以下已殘失，僅存胸部以上部分，高36厘米。全像原應高約120厘米。髮箍垂至額前，兩側有冠飾垂至耳部。微笑的菩薩面容清秀，表情恬靜。項圈、瓔珞及髮箍等均有貼金，是北魏佛像雕刻的精品。

大型佛像窖藏

自東漢偶然出現佛像以來，只有單身佛像，分崖石刻像和陶塑佛像兩種，僅發現在長江流域，長江以北地區尚未發現。到南北朝時期，佛像大量出現，青州龍興寺大型佛像窖藏中的佛像，已經包括了唐宋以來佛寺造像中的全部品種。從佛像的質地分析，有石灰石、漢白玉、花崗岩、鐵、陶、泥塑、漆木等七種，最高的佛像達320厘米，最小的佛像只有50厘米；形式有造像碑、單體佛、菩薩造像、羅漢像、供養人像等；造型千姿百態，有站立、有結跏趺坐、也有倚坐。唐宋盛行的一佛、二菩薩、二弟子的造像佈局，這時已經相當成熟。

東魏彩繪一佛二菩薩造像

彌勒佛　　　　脇侍菩薩

北齊貼金彩繪石雕菩薩立像
北齊、東魏時期，在石雕造像中釋迦牟尼和彌勒像數量減少，菩薩像大增。菩薩的衣飾更趨輕薄飄逸，衣紋疏簡自然。以漢白玉石料雕刻，刀法由北魏的硬直刀法改變為圓柔刀法，使造像的形象更柔和生動。

北魏永安二年韓小華造像碑
這是北魏民女韓小華為已故之夫樂醜兒製作的彌勒佛造像碑。造像碑正面刻彌勒佛和兩位脇侍菩薩。這是北魏流行的造像佈局。當時普通百姓在佛寺中捐奉造像碑已經相當普遍，由此證實，佛教在民間的普及和深入。

龍興寺的佛像及菩薩造型

山東青州在政治區劃上先後隸屬於南朝和北朝，得天獨厚的地理優勢，使其成為北方沿海地區的佛教重地，承擔了引領佛教藝術新潮流的先導地位。在青州龍興寺窖藏的北朝佛像，以其量大類繁、千姿百態而引人注目。特別是佛像姿態和服飾的變化，鮮明地展示了北朝時期北魏、東魏、北齊各朝佛教藝術的發展脈絡。

北魏貼金彩繪菩薩像
北魏大興佛教，初期在平城雲崗石窟雕刻的佛像面相豐圓飽滿，衣飾質感厚重。進入中原後，由於受到南朝審美觀念的影響，開始採用長江流域傳入的直刀法雕刻，線條洗練簡潔，雕塑趨向秀骨清像，衣飾具"褒衣博帶"的風格。此像即是這時期的代表作品。

北魏貼金彩繪菩薩像局部

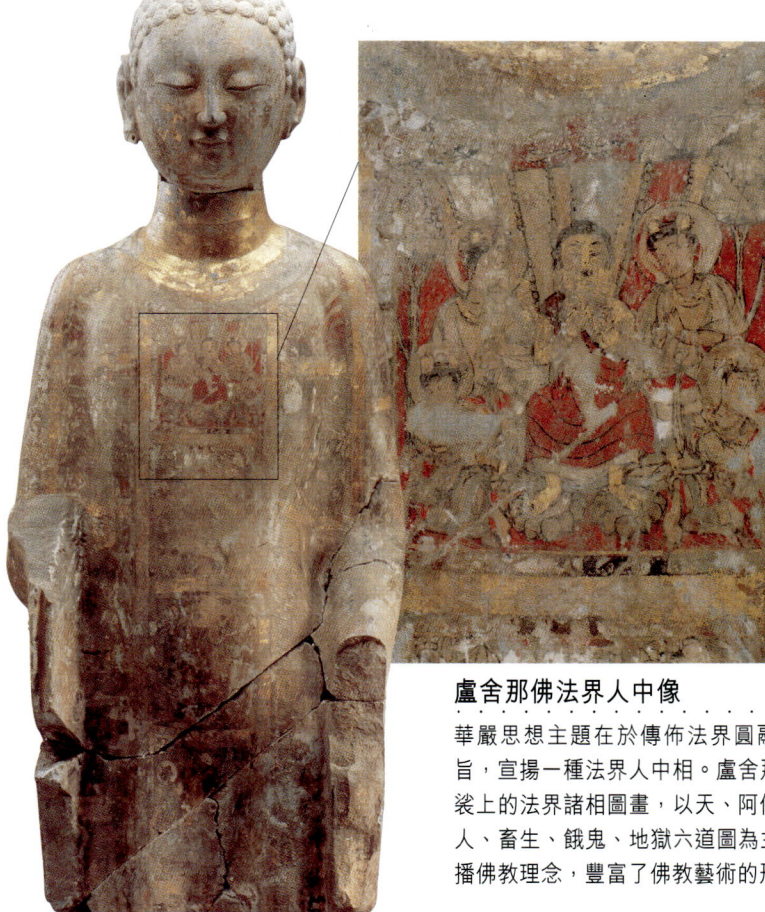

盧舍那佛法界人中像

華嚴思想主題在於傳佈法界圓融的妙旨，宣揚一種法界人中相。盧舍那佛袈裟上的法界諸相圖畫，以天、阿修羅、人、畜生、餓鬼、地獄六道圖為主，傳播佛教理念，豐富了佛教藝術的形式。

北齊貼金彩繪石雕盧舍那佛

盧舍那佛像是龍興寺窖藏中最精美的佛像。佛像身穿袈裟，在袈裟上用紅、藍、綠、赭石、黃、黑色彩繪出各種圖案，圖案中表現眾多人物，有佛像、僧人、胡商等。這些圖案與已經傳入北方的佛教中的華嚴思想密切相關。而這種形式的佛像僅在青州龍興寺發現了四尊，其他地區尚未發現。

北齊彩繪石雕佛立像

北齊時期，南朝畫風的嬗變對青州佛像產生了更直接的影響。佛像的體態由程式化的清秀轉變為壯碩，面容額方頤圓，服飾變為薄衣貼身，更顯身軀粗壯而渾圓，全身的重心置於兩腿，姿態挺直，但缺乏動感。

東魏貼金彩繪石雕菩薩立像

東魏是銜接北魏向北齊過渡的中間階段，其佛像依舊面相雋美，體態清秀，只是"褒衣博帶"的衣飾風格有所變化，菩薩上身袒露，衣飾似極薄的絲織品，飄然流動。

北齊貼金彩繪石雕盧舍那佛像

佛教風靡中國

⑧ 佛教在南方

紅陶佛像
南方陶瓷業發達,有不少陶製佛像。

魏晉時代,南方的佛教大多由北方關中、洛陽等地傳入,亦有來自交州(治今越南河北省仙游縣東)的。南朝梁武帝時期,佛教在江南趨於鼎盛。南方佛教有與北方不同的特點,即使是從留下極少的石窟造像中,也能發現屬於南方的"秀骨清像"的藝術風格。

弘教江南

東漢末年,關中、洛陽等地許多人為逃避戰亂而遷徙吳地,其中也有一些佛僧因此而南下弘法,著名的有安世高、支謙等。自此,佛教開始進入並影響江南。在北方僧人南下的同時,印度佛教亦經交州向江南輸入。三國早期,一些印度佛僧由交州北上到建業傳教。在中外文化交匯之處的交州接受了佛教的康僧會,也來到江南宣揚佛教,並產生重大影響。兩晉之際,不少中原名僧避亂南渡,在南方積極開展傳教活動。他們與世家大族交往密切,影響日益擴大,皇帝當中崇信佛教的也越來越多。及至南朝,佛教於南方盛極一時,終於在梁武帝時達到頂點。

南北方佛教的分別

南北朝時期的佛教,南方重義理探索,北方重宗教實踐。這種差異,與南北方的不同學風有關。當時北方仍然承繼東漢的儒學淵源,而南方玄學大盛,儒學也浸潤着玄學的精神,南方偏重理論發揮的特點在佛教層面上也體現出來。

南方的石窟與寺院

北方佛教重宗教實踐,造像積功德屬於宗教行為,因此北方大量開鑿石窟,而南方地區留下的石窟就極少。現保存較好並具一定規模的南方石窟,僅南京附近的棲霞山一處。從尚存的兩尊造像及後來水泥陸續剝除後殘留的石刻看,雕像作風完全是南方柔雅倩麗的"秀骨清像"風格,與北方石窟造像迥異。雖然南方的石窟較少,但寺院還是不少,由於南朝帝王、

南京棲霞山千佛崖造像
棲霞山千佛崖石窟位於棲霞寺之後,開鑿於南齊永明二年(公元484年),蕭梁續建,亦是最鼎盛期。今尚存佛窟二百九十四個,造像五百一十五尊,雕刻風格圓潤細巧,秀麗典雅,和北方的佛像造型截然不同;石刻藝術也追求"秀骨清像",是這一時期的江南佛教藝術的代表。

南京棲霞寺
這是南朝最大佛寺之一。

世家大族對佛教的推崇，佛寺遍及南方。以梁武帝時期為例，他除建造光宅寺、開善寺等名剎外，又為自己和父母建造了大敬愛寺、智度寺和同泰寺，同泰寺有九層高的佛塔、六所大殿，"所鑄十方金像、十方銀像，皆極壯麗"，惜今已無存。

康僧會獻出的舍利子，發出五色光

吳國大臣圍觀，並令孫權對佛教大為信服

吳國第二位執政者孫皓跪迎康僧會，表示崇信佛教

康僧會弘教江南全圖
康僧會是三國時代的高僧，致力於江南弘教，為日後南方佛教的發展奠定基礎。康僧會得到吳國兩代執政者的支持，孫權為他建立江南第一所佛寺建初寺，這是佛教在南方正式得到統治階層的支持和信仰的開端。

吳郡民眾及寺僧到江邊禮迎石佛

在吳淞江浮出的兩尊石佛

江南的佛教傳說
江南著名的寺廟在南北朝時期已有不少，其中如建業的長干寺、吳郡（治今蘇州）的通玄寺。傳說通玄寺的石佛被發現飄浮於吳淞口，印證江南民眾已廣泛接受了佛教。

① 融合中西的佛教繪畫

隨着佛教的興盛，佛教藝術的創作也達到了高潮，壁畫就是其中之一。這時期的佛教壁畫有石窟壁畫、寺院壁畫兩種，寺院壁畫因建築毀壞，多已不存，但它們的畫風和藝術創造與紙、絹及石窟的繪畫是一致的。石窟中現在還存留這時期佛教繪畫的燦爛遺影。這一時期，印度佛教藝術不斷西來，中國富於智慧與才能的畫師、畫匠，以本民族傳統為基礎，汲取並融合外來藝術之長，造就了輝煌的中國佛教繪畫藝術。

石窟壁畫的遺存

石窟壁畫是指各大石窟內壁面所繪的圖畫。由於石窟是為佛教造像開鑿的，在窟內的壁畫自然也與佛教內容緊密相關。迄今保留比較完整，並具有重要歷史與藝術價值的石窟壁畫有：新疆拜城克孜爾千佛洞壁畫、甘肅敦煌莫高窟壁畫、甘肅天水麥積山石窟壁畫。克孜爾千佛洞壁畫中屬於兩晉南北朝時代的有六窟，內容有經變、本生故事，還有反映古代新疆地區人民生產、生活的耕作圖，有的作品吸收了外來的藝術成分，並具有濃厚的民族風格；莫高窟壁畫中屬於隋唐以前的有四十多窟，繪畫內容多屬佛經故事，但人物和服飾不同程度上呈現出中國的時代與地區特色；麥積山石窟壁畫更是具有漢民族的傳統藝術特徵，如127窟的騎射和行獵場面，非常宏偉而有氣勢，一些飛天也不再是神，而是人的化身。

造型纖瘦的釋迦

西魏時期的釋迦說法圖

螺形髮式

分明的肌理

兩圖均是當時典型的佛造型，可見佛教繪畫對物塑造的演變過程。北時期的佛像明顯較為壯，髮型亦接近印度貌；到西魏時，流行中秀骨清像人物形態。

北魏時期的釋迦坐像

佛教壁畫的面貌

佛教繪畫給人以強大的視覺衝擊力。色彩濃烈,絢麗多姿,熱鬧動人,飛動奔放,熱情充溢,幻想馳騁,這些構成了它與後世文人畫截然不同的獨特面貌,但這確實是當時繪畫的主旋律,是中國繪畫史上不可或缺的燦爛一頁。受外來宗教信仰的刺激與新技術的啟發,畫家、畫匠們擺脫了傳統禮教的束縛,解放他們的思想,馳騁他們的幻想,發揮他們的熱力,使得佛教繪畫藝術達到了一個前所未有的高度。

西魏的動物畫

這是敦煌壁畫中的一組野生動物畫。最下部是連綿起伏的山巒,狼、羊、野牛、狐狸等野生動物出沒其間。畫師僅用簡單的筆觸便使動物的神態活靈活現,構圖充滿想像力和熱情。

小字臉的人物

面上的白色有如"小"字,可能是表現立體感的手法。

麥積山石窟伎樂天人

此身飛天面型方中帶圓,短頸,軀體健壯樸拙,但飄帶等細節使整個畫面洋溢動感。

凹凸畫法的人物

畫師刻意在人物的手臂上加上粗黑線,以見其肌肉的紋理,表現了畫師對人體骨骼的理解。

繪畫與書法

② 士大夫主導的繪畫藝術

魏晉南北朝的繪畫除了佛教壁畫外，紙、絹上的繪畫也取得了相當的成就，它們的畫風和藝術創造與壁畫是一致的。特別是南朝時期，作為藝術發展上的一個重要階段，它直接影響了隋唐時期的繪畫藝術。南朝畫風影響下的人物形象大多屬"秀骨清像"式，這種畫風與當時畫家和士大夫的生活、思想以及審美情趣是分不開的。

繪畫創新與繪畫理論

此時期，士大夫參與畫事日益增多，他們多方面的文化修養、充足的時間、優裕的生活環境，對繪畫的提高與發展起到了積極的作用，使繪畫藝術走上一個新的台階。他們的繪畫繼承了漢朝人物畫的傳統，其技巧之高超則遠勝於秦漢，並有了突破，同時還吸收了印度繪畫的一些技法，例如凹凸的畫法。

在主題思想、形象塑造、佈局章法上，這時期的繪畫都有創新，開後代山水畫和卷軸畫的先聲。南朝時的繪畫在技巧上恰當處理了空間結構，在內容上集中概括了複雜的景物，在思想上體現了畫家的內在精神，抒發了美好的情感，因而具有獨特的藝術成就。

繪畫實踐推動了繪畫理論的成熟，一些比較深入、系統的論著相繼問世，這是繪畫創作和理論進入自覺階段的標誌。受時代潮流影響而產生的藝術思想與審美觀念，使得當時的畫論帶有鮮明的時代印迹。東晉顧愷之的《論畫》，就已能夠提挈出他的創作觀念。南朝謝赫《古畫品錄》中提出的六法——氣韻生動、骨法用筆、應物象形、隨類賦彩、經營位置和傳移模寫，更是東晉南朝繪畫的理論總結。

繪畫作品與繪畫名家

現存東晉南朝畫家的紙、絹作品，有顧愷之的《女史箴圖》一幅唐人摹本和《洛神賦圖》、《列女仁智圖》兩幅宋人摹本，以及傳為顧氏所作的《斲琴圖》，這些都是非佛教類的。顧愷之是中國繪畫史上最早且負盛名的卓越畫家和繪畫理論家。其他著名畫家尚有曹不興、戴逵、陸探微、張僧繇、蕭繹等人。蕭繹所繪的《職貢圖》，今有宋朝摹本，人物甚為傳神，可惜已不完整。

仕女特寫

眉毛繪紅色，可能是齊梁時代的新奇裝飾。

《列女仁智圖》局部

東晉顧愷之繪。圖中表現的是《列女傳》的故事。畫面人物作平列展開，用筆剛勁，又強調衣褶暈染。

《洛神賦圖》局部之一
東晉顧愷之繪。這畫根據三國魏曹植著名文學作品《洛神賦》創作,這是曹植在洛水邊遙見洛神在水上凌波微步的情景。

《洛神賦圖》局部之二
人物造型飄逸秀氣,反映魏晉時代的審美眼光。人物衣飾採用高古游絲描,筆法如春蠶吐絲。魏晉時山水畫未大發展,人大於山情況明顯。

③ 從篆隸到楷書

魏晉南北朝的書法絢麗多彩，字體由篆書、隸書轉變到楷書，還有草書和行書作為補充，它在中國文字發展史上佔有重要地位，從此篆隸為主的時代過去了，中國現今書法形成的基礎即於此時奠定。當時的書法大家，既注意作品的章法，更重視作者的情趣。他們通過書寫來表露風流儒雅的氣質和瀟灑飄逸的風度，着意追求書法的韻律，即所謂"晉書尚韻"，書法藝術已進入一個"自覺時代"。

書體衍變

中國書法多體善變，兼有圖理、圖認和圖形之妙，與繪畫藝術密切相關，《歷代名畫記》就有"書與畫雖異名而實同體"之說。魏晉南北朝的書法藝術進入一個突破性的發展時期，這時的書法除了實用價值外，還具有藝術價值。此時書法由繁瑣的篆隸發展到簡潔的行楷，這是從實用出發的結果；由於字體的變化，在當時創立的"書畫同源"理論，即認為書法與繪畫一樣能抒發情意的理論的指導下，書法更變得賞心悦目，這是從藝術出發的結果。晉以後形成的楷書和行草，後來逐漸鞏固成為今日通行的字體。

書法名家

魏晉南北朝著名的書法家，有鍾繇、衛瓘、王羲之王獻之父子、羊欣、王僧虔、蕭子雲、智永等。其中以王羲之的影響既深且巨，他使楷書、今草、行草形成新的體勢，從而在新書體的成熟與完美方面作出了非常重要的貢獻。今天流傳下來的王羲之書法，最著名的當屬《蘭亭序》，除此之外尚有《快雪時晴帖》等。以家族而論，北朝的盧氏、崔氏等世家大族，世代以善書稱顯。

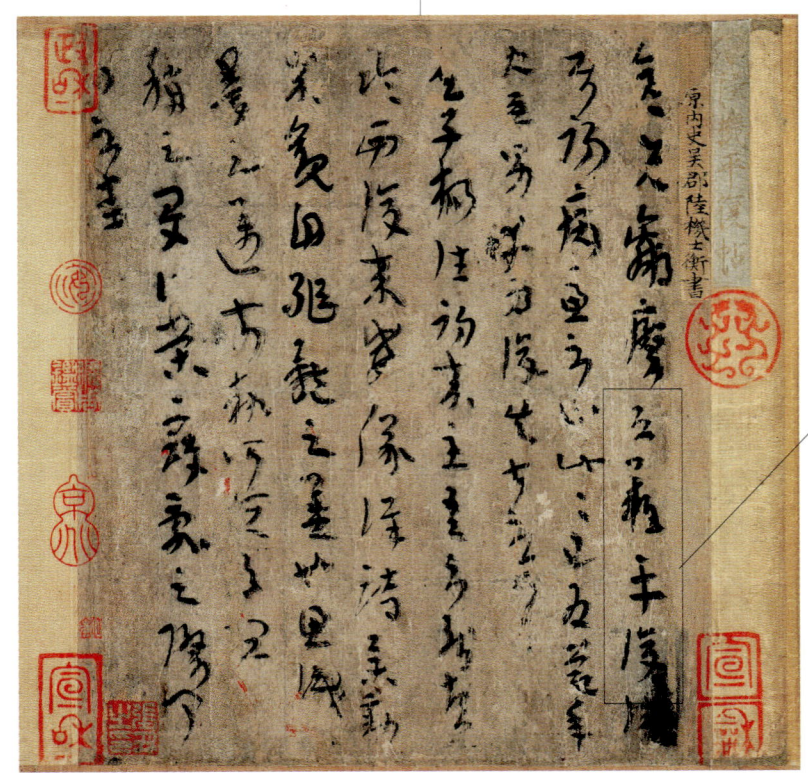

陸機《平復帖》
這是西晉書法家陸機寫給朋友的一封信札，文中有"恐難平復"四字，故稱《平復帖》。此帖禿筆枯鋒，是由隸體變草體過程中出現的"初草"。

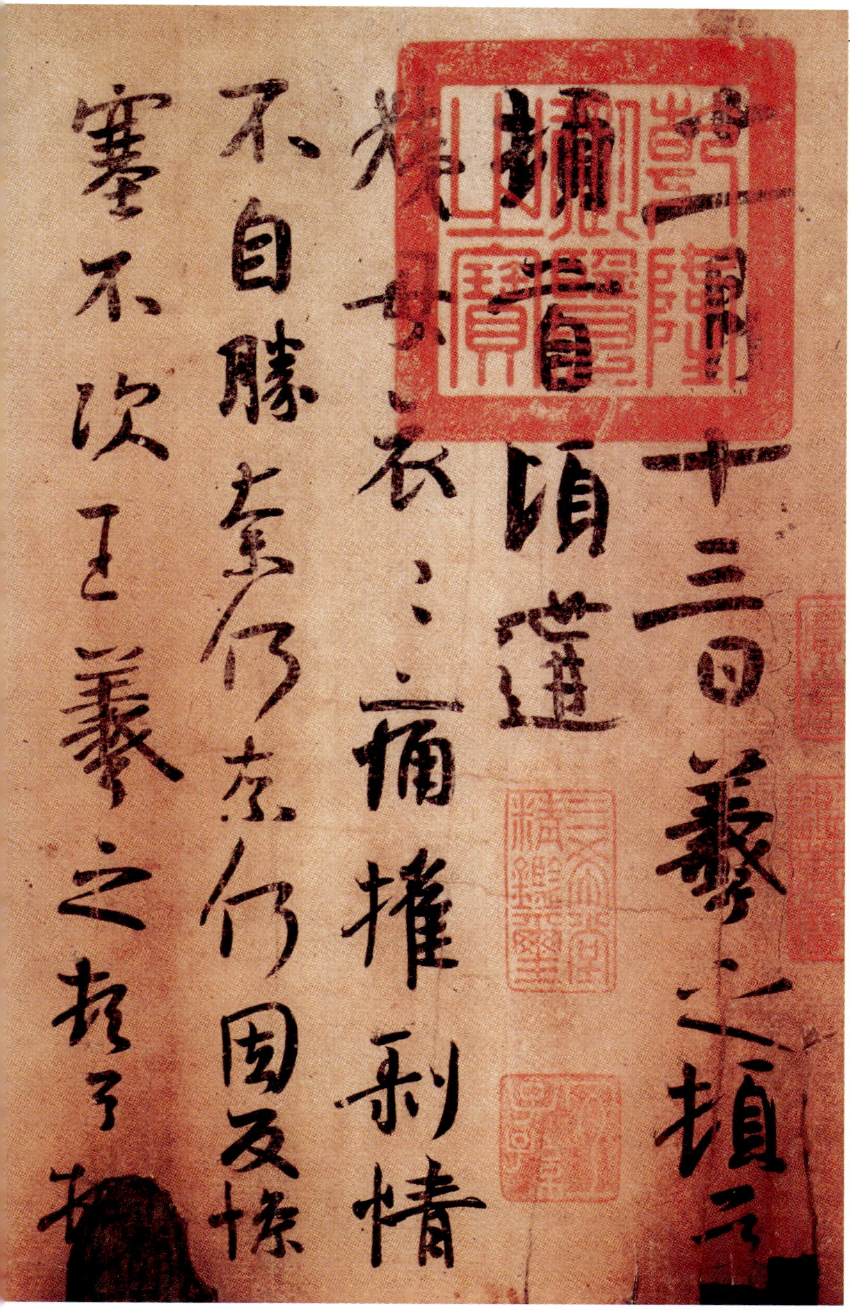

王羲之《姨母帖卷》

行書風格自由率真，靈活飄逸。魏晉時有不少書法家習寫行書，其中以王羲之最為著名。此帖的字體端莊，筆鋒圓渾遒勁。

硯面不施釉，利用粗糙的硯面磨研墨條

硯身外圍及足均有施釉

青瓷六足硯

硯最初都是石質，西晉開始出現瓷硯。魏晉南北朝瓷業興起後，瓷硯是常見的品種，其中多出產於江南的瓷業作坊，北方生產較少。常見的瓷硯有六足、十足、十二足。

①南北民樂匯成清商樂

音樂和舞蹈是密不可分的,而在古代中國又與文學詩歌大有關係。音樂舞蹈是在民間發展出來的,因此必然帶有地方色彩。東晉南朝繼承秦漢樂府傳統,尤其是漢樂府中的俗樂——清商樂,亦即民間樂舞,並結合了南方的音樂和民歌,發展出新的清商樂,其風格與北朝胡樂截然不同,以清新艷麗見長。這種變化了的清商樂,又作為"華夏正聲"而反傳入北方。

由流行民歌變作"華夏正聲"

正宗的"華夏正聲"還包括來源更古老、早已變成古典音樂的雅樂——宴樂。宴樂古樸拙重,大部分人,包括皇帝,已不懂欣賞。清商樂是漢朝樂府所收集的民間音樂歌舞的一種,初名"清商三調",在魏晉時十分流行,成為宮廷音樂。以舞蹈表演與之相配合,專供宮廷娛樂。清商樂雖因進入宮廷而雅化,但仍保留着生動活潑、情深意濃的民間風味。東晉偏安江南,一部分清商樂流傳到南方,在這基礎上,又吸收南方的民間音樂——"江南吳歌"、"荊楚西聲",內容得到豐富,蛻變出"清商新聲"。這種新的樂舞,到北魏孝文帝時,由南朝反過來傳播到北方。後來隋文帝對之十分欣賞,稱之為"華夏正聲"。

漢魏西晉時期
進入宮廷的一種民間樂舞曲,初"清商三調"

東晉南朝時期
流入南方,融合南方民間音樂,蛻為"清商新聲"

北魏時期
反傳到北方,北魏孝文帝、宣武時,集中原舊曲及"江南吳歌""荊楚西聲",總稱"清商樂",別於雅樂、胡樂

清商樂的演變過程

正在吹笙的老者　　正在撫琴的老者

手鼓

南山四皓圖
這幅南朝的南山四皓圖(南山又名商山),描繪秦末東園公等四位鬚眉皓白的賢者隱居深山,他們或撫琴,或吹笙。畫面是當時崇尚清談玄學思想的反映,也表現了即使是隱士,同樣對音樂抱濃厚興趣。

清商樂的南北大交融

各族樂舞文化大交融，是這一時代樂舞藝術發展的主要特點。清商樂雖不及胡樂進入中原的奪目，但也是廣泛吸收了中原和南方各地民間傳統樂舞而編製的系列樂舞，像"吳歌"產生於以建康（今江蘇南京）為中心的長江下游，"西聲"則是宋齊兩代時產生於以江陵（今屬湖北）為中心的長江中游和漢江流域。

清商樂除有樂曲、舞蹈之外，又有歌詞。歌詞多以真摯纏綿的愛情為主題，風格清新，輕柔哀怨。當時善歌清商樂者如朱顧仙、吳安泰、王金珠等，均為一時高手。清商樂中迄今仍有蹤迹可尋的，如《子夜歌》、《烏夜啼》、《西洲曲》、《春江花月夜》，具有自然和諧、抒情寄興的特點，藝術水平較高，王公貴族和民眾都非常喜愛。

琴箏　　　　　阮咸

奏樂圖
圖中兩位樂師，均戴白幘，席地而坐，相對和弦。

音樂名家和文人歌詞創作

三國兩晉時代，精於音律樂曲者不乏其人。從作《胡笳十八拍》的蔡文姬開始，到建安七子、竹林七賢，在音樂上都很有造詣，有的在音樂理論上亦有建樹。杜夔、嵇康、阮咸、左思等人所創作和演奏的《廣陵散》、《梅花三弄》，膾炙人口，今日尚傳《梅花三弄》之曲譜。清商樂盛行於東晉南朝，配合樂曲所唱的"清商曲辭"亦很受歡迎，除了從民間收集之外，亦有文人加入創作，清商曲辭成為著名的南朝樂府詩。

伎樂俑
清商樂所用樂器也有彈奏、吹奏和敲擊三大類，琴、瑟、箏等是彈奏的，笙、笛、簫等是吹奏的，鐘、磬、節鼓等是敲擊的。這些樂俑常在南北朝的墓葬中發現，可見不少王室貴族均為知音人。擊鼓和吹簫本是軍隊鼓吹樂手，在北朝晚期也進入宮廷，融入清商樂的行列中。

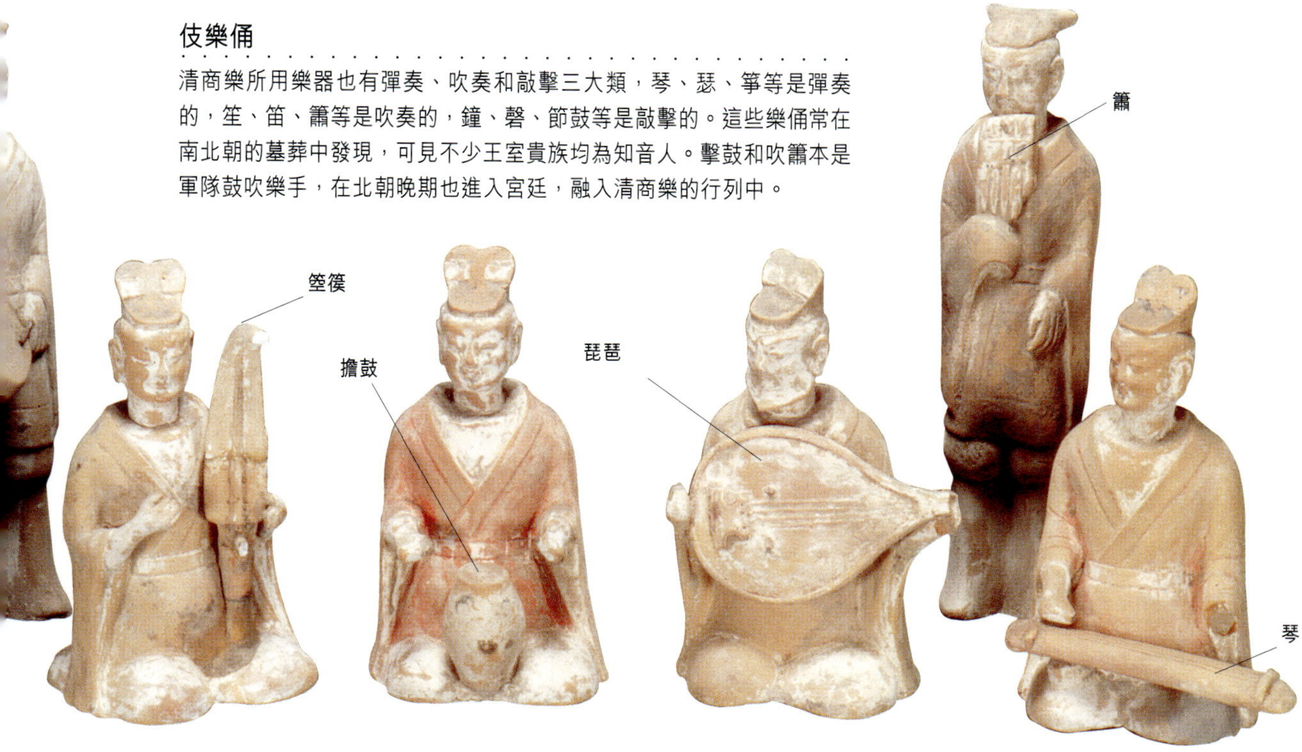

簫

箜篌

擔鼓

琵琶

琴

中外樂舞大交融
② 胡樂與佛教樂舞

秦漢時代,外域樂舞已開始傳入。魏晉以來,少數民族入主北方,北方長期成為胡人的天下,胡人樂舞因此大量湧入。當時南朝盛行清商樂,西域樂舞、高麗樂舞、鮮卑樂舞等則在北方流行,胡樂的風格是豪放灑脫,與南朝民樂迥然有異。隨着佛教興盛,胡樂也以歌舞娛神的形式,變成佛寺的宗教樂舞,大受歡迎。

來自異族的胡樂

十六國及北朝音樂藝術的特點與南方迥然不同。當時北方少數民族先後入主中原,他們將各具本民族特色的樂舞帶了進來,這時的北方大致有龜茲樂舞、高麗樂舞、鮮卑樂舞等。這些樂舞大多有強烈的節奏感,又有高難度的騰踏、跳躍、旋轉等動作,藝術感染力很強,因此大受中原地區人民歡迎,以至於有人擔心"胡聲足敗華俗"。對中原地區影響最大的西域音樂,以龜茲樂為最,其管弦之聲,鼓鈸之音,動人至感。當時胡樂與清商樂並立,已成為最突出的現象。

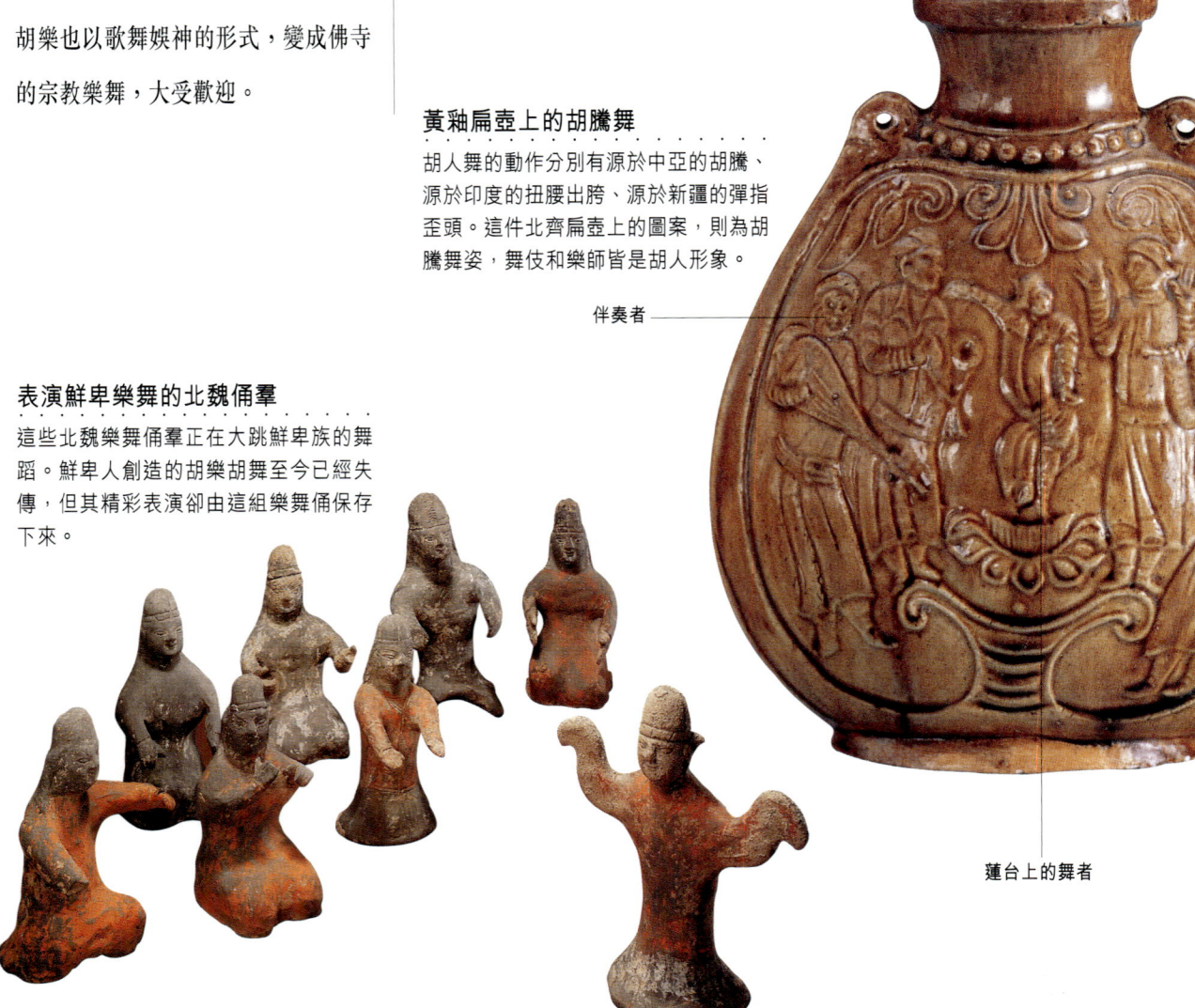

黃釉扁壺上的胡騰舞
胡人舞的動作分別有源於中亞的胡騰、源於印度的扭腰出胯、源於新疆的彈指歪頭。這件北齊扁壺上的圖案,則為胡騰舞姿,舞伎和樂師皆是胡人形象。

伴奏者

表演鮮卑樂舞的北魏俑羣
這些北魏樂舞俑羣正在大跳鮮卑族的舞蹈。鮮卑人創造的胡樂胡舞至今已經失傳,但其精彩表演卻由這組樂舞俑保存下來。

蓮台上的舞者

佛教樂舞

在中原和西域樂舞文化的交流過程中，佛教寺院曾起了相當重要的作用。幾乎所有僧寺，無處不有"梵唱屠音，連檐接響"，所謂"梵唱"即"梵唄"，"屠音"即"浮屠"（佛教）之音，指的都是佛教音樂。做佛事時，經常夾帶表演引人入勝的樂舞，表演者揚袖飛袂，縹緲欲仙。有時甚至還有規模盛大的遊行活動，以及"女樂"、"胡伎"歌舞相伴的雜技與幻術表演。在這樣的場合下，中原傳統樂舞與西域傳入的樂舞結合起來，通過娛樂性的表演達到傳教的目的。

一些著名佛教石窟，如新疆克孜爾石窟、敦煌莫高窟、天水麥積山石窟和大同雲崗石窟，也保留了許多中外樂舞交流融合的形象資料，展示了各種中外樂器的演奏和歌舞場面，有的壁畫所繪樂舞場景非常宏偉。它們表現的雖然是佛國仙境或禮佛內容，但人物舞蹈動作和持有的樂器無不是現實生活的再現，完全是以歌舞演奏為實際依據的。

男舞者高鼻深目、窄袖錦衣，正雙臂高舉、吸腿而立

女舞者長裙廣袖，正揚袖起舞

霍去病墓南北朝佛座石雕

從服飾和舞姿來看，男舞者似為西域胡人，女舞者則帶漢族風味；樂器也分別有中原與西域的，紛陳合奏，顯示了中西樂舞的大融和。

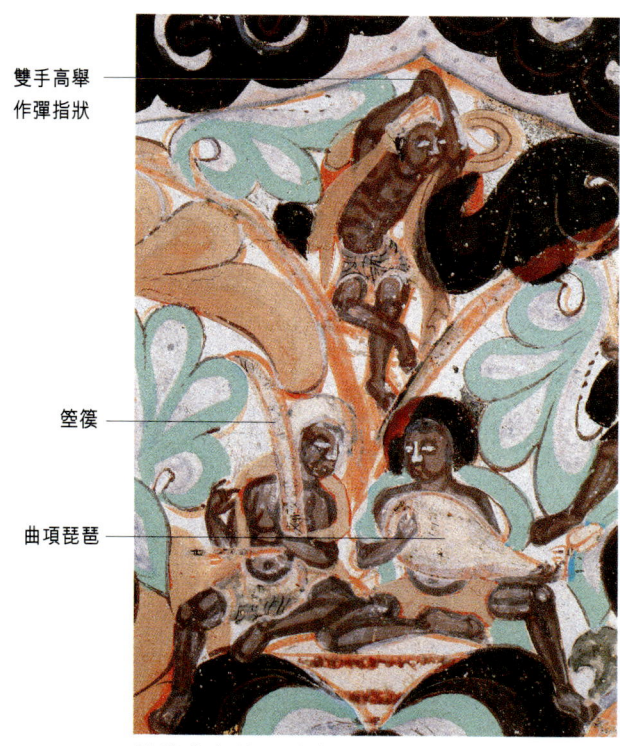

雙手高舉作彈指狀

箜篌

曲項琵琶

蓮花叢中的西域樂舞

這種俗樂舞場面繪於一個北周的石窟中，位於佛龕正中的顯著位置，反映了北朝統治者對西域舞的鍾愛。

托掌

按掌

腰肢向右微扭

印度舞風的天宮伎樂

佛教源自印度，對藝術的影響也直接表現在佛教壁畫上。圖中舞姿頗具印度舞韻。

中外樂舞大交融
③ 各地樂舞的匯通

中國古代音樂的教育意義甚於娛樂作用。魏晉南北朝時代由於印度文化的東漸，以及西方和東北邊境各國的樂舞紛紛進入中原，各地區、各民族的樂舞得以相互交流、相互融會。魏晉南北朝時代的音樂舞蹈因注入了更多的新鮮血液，取得了前所未有的成就。各族樂舞文化的大交融，是這時樂舞藝術發展的主要特徵。

各種樂舞的互融

華夏正聲與胡樂融合，形成了新的音樂。例如"西涼樂"，即是由以龜茲樂為主的西域各族樂舞與流行當地的"中原舊樂"（包括清商樂）融合而成，亦為西域音樂傳入之後融合北方少數民族音樂的代表。各地樂舞的交流與融合還可列舉的有：北魏太武帝從西域帶回了疏勒、安國的伎樂，北魏滅北燕後又得到了高麗樂，孝文帝、宣武帝時得到了南朝的清商樂，西魏時傳入了高昌樂。南北朝時期，中原傳統樂舞，西域、西涼和高麗樂舞，以及鮮卑族樂舞，已相互交流交融，它們給後來唐朝的音樂以巨大的影響，為中華古樂舞黃金時代的到來揭開了序幕。

北魏司馬金龍墓石棺石刻
蓮花座上舞人一邊吹簫，一邊跳躍起舞，充滿動感。

樂器的豐富

樂舞所具的特色與使用的樂器是分不開的。傳統"雅樂"樂器主要是金石，清商樂則使用絲竹，而胡樂更是依靠各種中原沒有的新樂器。在南北西東樂舞薈萃的同時，西方樂器如箜篌、琵琶、胡笳、篳篥等亦傳入中國，與中國固有的琴、箏、簫、鼓等樂器相互鋪陳，完善了管弦樂、打擊樂的器樂內容，可以說是極大地豐富了中國音樂史的內涵。

樂舞與樂府民歌

在中國，音樂、舞蹈和詩歌是三位一體的。這時期，樂府民歌盛行全國，它獨特而新鮮的風味，深為文人喜愛，足以與文人詩歌分庭抗禮，甚至吸引文人參加創作。流行於南方的樂府的辭曲是配合清商樂歌唱的，哀怨纏綿。北朝樂府民歌民謠的風格，則與北方民族的生產、生活方式及其民族性格密切相關。由於長期處於戰爭紛亂之中，民歌內容往往突出慷慨悲壯的征戰氣氛。著名的長篇敘事詩《木蘭詩》流傳久遠，《敕勒歌》更是具有濃郁的草原風貌，均是北方民歌中的代表。

奏樂圖　　　　　　　　箏

箜篌

吹號俑
號角是由北方傳入的樂器。

穿突厥裝的伎樂人
這幅北周壁畫中，五位穿突厥裝的樂舞人，演奏西域樂器，從彈指歪頭的舞姿可看出應是西域的民俗舞。北周時武帝的皇后阿史那是突厥可汗的女兒，她把龜茲、高昌及康國樂舞表演團帶到長安，西域樂舞也正式歸入宮廷樂舞。

箜篌

琵琶

作大幅度擺胯的舞者

北涼墓壁畫伎樂圖
畫面可見音樂、舞蹈、雜技共冶一爐，氣氛熱烈活躍，再現了涼州樂的演奏情景。

翻筋斗的女伎　　跪坐演奏的樂隊　　迴旋而舞的舞伎

④ 新興舞蹈及其風貌

魏晉以前，中國舞蹈藝術已有一定水平。魏晉南北朝時代，由於各種文化的交融，舞蹈藝術更呈現出五彩繽紛、絢麗多姿的繁榮景象。這一時期的舞蹈，可分為兩個體系：一是魏晉南朝體系，二是十六國北朝體系。江南地區以"優舞"為主，中原和北方地區兼有"武舞"，邊陲和西域地區則多"胡舞"。但到了後期，"胡舞"大量湧入內地，傳統的歌舞因增添了新的血液而大放異彩，出現了前所未有的繁榮局面。

南北名舞的內容

南朝的舞蹈有鞞舞、杯盤舞、巾舞、拂舞等，形象優美動人，從"狀似明月泛雲河，體如輕風動流波"的詩句中，可以想見其舞姿的輕盈柔和。北朝舞蹈豪邁雄勁，氣勢宏偉，具有代表性的是北齊的《蘭陵王入陣曲》與北周的《城舞》。這些舞蹈配以龜茲音樂，充滿了少數民族的獨特情調。值得注意的是，此時的舞蹈尚融以雜技，又稱"散樂"，其中規模最大的當屬《魚龍爛漫之戰》，表演時邊舞邊唱，並伴有各種動作和雜技。這些表演中，"角牴"最受歡迎，這和北方民族的尚武精神是分不開的。

南北舞風

魏晉南北朝時代的新興舞蹈，具有強烈的表演性，風格多富抒情意味。由於南北交融，即使北方那種明快豪放、矯健勇武的舞姿中，也不斷有南方輕盈俏麗、婉轉纖巧韻味的滲入，在粗獷中略含幾分嫵媚，這在當時各種壁畫和繪畫中有極好的描繪。這一時期出現的舞蹈作品、種類和著名舞蹈家雖為數不多，但它們上承秦漢餘韻，中貫南北東西各地區各民族舞蹈藝術的薈萃交融，下又為隋唐舞蹈的進一步發展奠定基石，其迎來的將是盛唐的歌舞高潮。

—— 在杆上旋轉的小孩

吹排簫的樂伎

胡人頂杆雜技俑

雜技是西域傳入中原的民間藝術，這種頂杆雜技在北魏時稱為"緣橦"，橦木有的插在車上，有的則由人擔着；而在橦上表演的多是小孩，他們會做出各種高難度動作，如馳馬、彎弓等。這個雜技俑在平城貴族墓出土。

高句麗角牴技藝圖

魏晉南北朝時，舞蹈融入了雜技元素，邊舞邊唱，並伴有雜技。從高句麗傳入的角牴是最受人歡迎的雜技表演，尤其因北方民族尚武，北魏把角牴排列在"百戲表演"的第二位。

赤膊的男子正與對手扭抱角力

觀眾

跳長袖舞的舞伎

黃釉樂舞俑羣

"長袖善舞" 是中國固有的傳統舞蹈，數千年間傳承不衰，最早自西周已有徒手舞袖的記載。這位舞伎的舞姿溫婉綽約，具含蓄之美。

吹笙的樂伎

陶戲樓

這是豪族莊園中的戲樓模型，是目前所知最早的戲樓形象。

① 實用與理論並重的科學

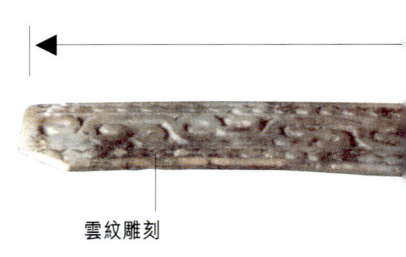

雲紋雕刻

魏晉南北朝的科學技術，受思想界突破儒學傳統規範的影響，趨向於學科自身的獨立，並具有一種"實用與理論"結合的趨勢。這一時期，劉徽的《九章算術注》、祖沖之父子推證球體體積的方法，以及對圓周率的推算，均有高度的理論概括水平，天文、曆法、化學和醫學也取得了新的成就。

精密的數學體系

當時數學領域有不少發明。魏晉時劉徽撰的《九章算術注》和《海島算經》，在抽象的數學概念、圓面積的測算、太陽離地面高度的測量、海島距離的推算等方面，都有精密的計算方法和正確的解釋。南朝祖沖之計算的圓周率數值，精確到小數點後的第七位，比阿拉伯人的同一推算早一千年；他計算的密率和約率，也比歐洲人早一千年。祖沖之在科學上的貢獻為世界所公認，月球上的一座環形山，即以他的名字命名。祖沖之、祖暅父子還巧妙地求出了球體體積的計算公式。另外，《孫子算經》和《張丘建算經》，北周時甄鸞所撰的《五曹算經》等，都反映了當時數學方面的成就，他們大大豐富和完善了中國古代的數學體系。

天文與曆法的新發展

當時的天文、曆法研究也有進展。魏晉人對宇宙的看法，除以前的蓋天、宣夜、渾天三說外，又有了昕天、安天、穹天三說。一些天文儀器的發明或改進，如渾天儀、圭表、漏刻等，更推動了曆法的研究。東晉的虞喜在前人的基礎上，首次提出"歲差"*的概念，並探求其數值。南朝的何承天和祖沖之，在曆法上面的成就也是十分有名的。從《黃初曆》到《元嘉曆》、《大明曆》，中國的曆法不斷改進，其水平達到了一個嶄新的高度。

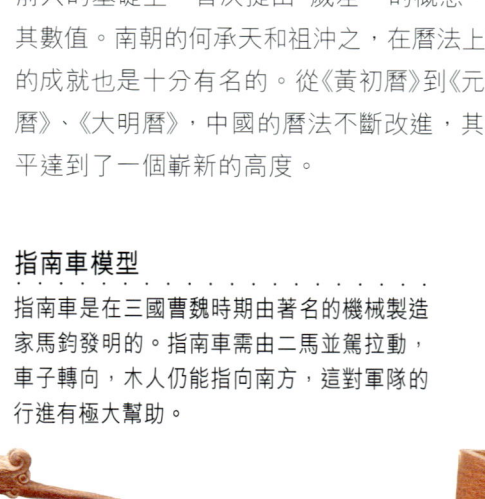

指南車模型

指南車是在三國曹魏時期由著名的機械製造家馬鈞發明的。指南車需由二馬並駕拉動，車子轉向，木人仍能指向南方，這對軍隊的行進有極大幫助。

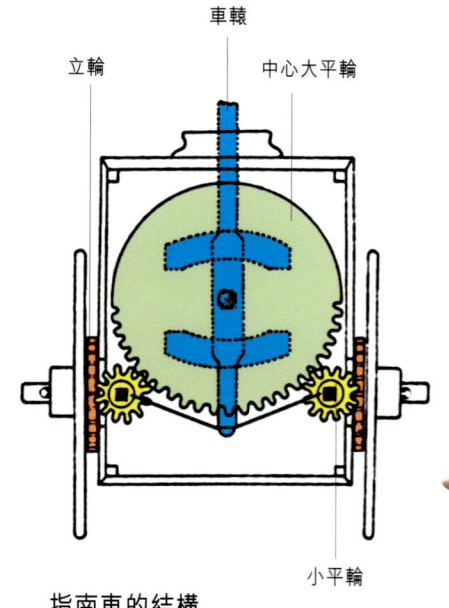

立輪　　車轄　　中心大平輪

小平輪

指南車的結構

簡單來説，木人能保持指向南方，是因為當車改變方向時，車轄的擺動使小平輪、立輪和大平輪的齒輪組合變換，帶動木人與車向相反方向轉。

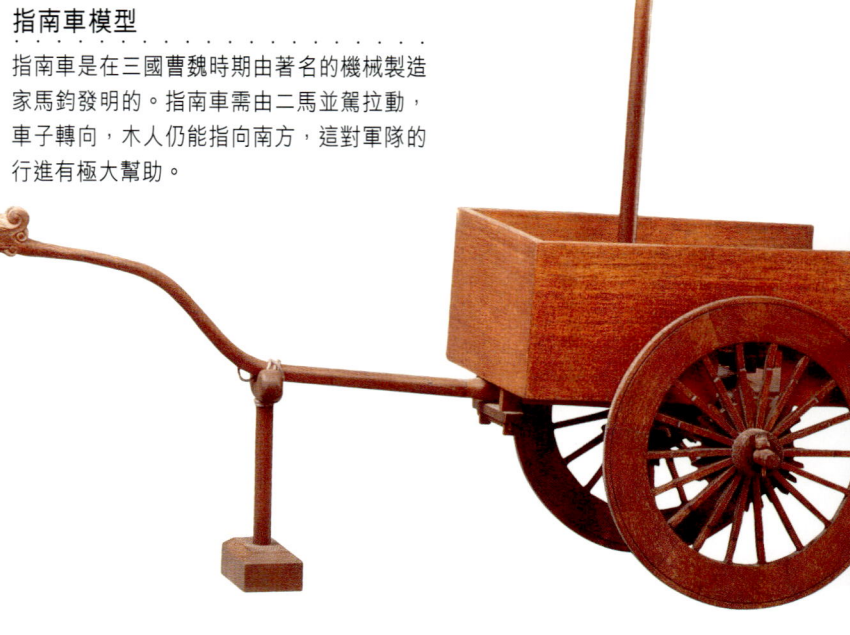

23.5厘米

量度尺寸用的線刻紋

骨尺

魏晉南北朝的尺較漢朝更注重分、寸刻線分度的準確性；尺比漢朝時略有增長，但這時期的度量衡標準比較混亂，南北朝各地長度不一。東漢以後，銅質尺明顯減少，多被骨、木質代替，由於骨、木難於保存，所以魏晉南北朝留存的尺甚少。

化學與醫學

東晉南朝的葛洪和陶弘景在煉丹的實踐過程中，積累了不少關於物質變化與化學反應的經驗與知識。對此，英國科學家李約瑟予以很高的評價，他説："西方現代化學的鼻祖培根就受到這些影響，這一發展過程是一脈相承的。"中國古代煉丹家的操作技術，對各種無機藥物的運用，在煉製過程中採用的類比方法，都是值得今人借鑒的。

葛洪和陶弘景不僅在化學方面取得成就，在醫學方面也作出過重要貢獻。他們分別撰有《肘後卒急方》、《神農本草經集注》，前者是一本有用的急症治療手冊，後者則將中國的藥物學研究推進了一大步。北朝醫學也給後人留下了一份十分寶貴的遺產，這就是現在仍能看到的洛陽龍門石窟中的石刻藥方。

病人　　餵藥者

北周的治病圖

繩索

中平輪

足輪　立輪

記里鼓車的結構

記里鼓車也是運用齒輪原理操作。足輪每行一百個圈，中平輪便轉動一周，木人擊鼓一槌。

連接車內齒輪的繩索

記里鼓車模型

記里鼓車是晉朝創製的機械車輛，由二馬並駕而行。每運行1里(500米)，車上的木人就擊鼓一槌，用以量度土地尺寸。

*歲差：指由於日、月和行星對地球赤道凸出部分的攝引，使地球自轉軸的方向不斷發生微小的變化，造成冬至點在恒星間位置逐漸西移的數值。

小辭典

絲綢之路的暢通

① 日益擴大的中外交通

魏晉南北朝時代的中外交流，較之秦漢有更大的發展：一是交流的地區和國家更為擴大和增加，二是交流的方式和渠道更為多樣化，除陸路外又開闢了海上交通；三是交流的項目和內容更為豐富多彩，包括經濟貿易、宗教、藝術、學術思想和生活習俗等。隨着中外交流日益頻繁，在北方洛陽和南方建康這些都城，出現了專門供外國人生活居住的里坊和中外商貨貿易的市場。

沒有中斷的絲綢之路

漢朝建立的絲綢之路雖歷經戰亂，到魏晉南北朝時仍然暢通，通過西域連接中亞和西亞，絲綢之路沿線各國與中國交往不斷。當時不僅中國的絲織品被運送往西方，而且充滿異國情調的"胡錦"等織物，也不斷進入中國，它們的圖案新穎獨特，高昌古墓中就有這種波斯錦發現。波斯錦織法與中國織物不同，更能充分顯示絲線光澤，後來此法為中國所採用。

新通道的開闢

魏晉南北朝時代，人們又開拓出更加廣闊的對外交流道路，除明確了從敦煌向西，直達西方終點的"西海"（地中海）的傳統絲綢之路外，從西安、洛陽出發，又新開闢了北、中、南三條路線，均匯合於張掖，然後西出敦煌到新疆。由西寧越赤嶺，經柴達木到西域，為另一條通道。還有一條不經西安、洛陽，而是自武威東去銀川，沿黃河河套北上經包頭、呼和浩特、大同、張家口、赤嶺、營州（今遼寧朝陽）的塞北草原之路，說明當時北魏都城平城在與西方來往中的重要地位。

當時長江流域經濟地位明顯上升，對外貿易已轉為海上貿易為主。海上交通、貿易開闢出東線和西南兩線，前者主要

貼金箔的麻質面具，繪成瞑目入睡狀

冥衣

人獸樹紋外袍

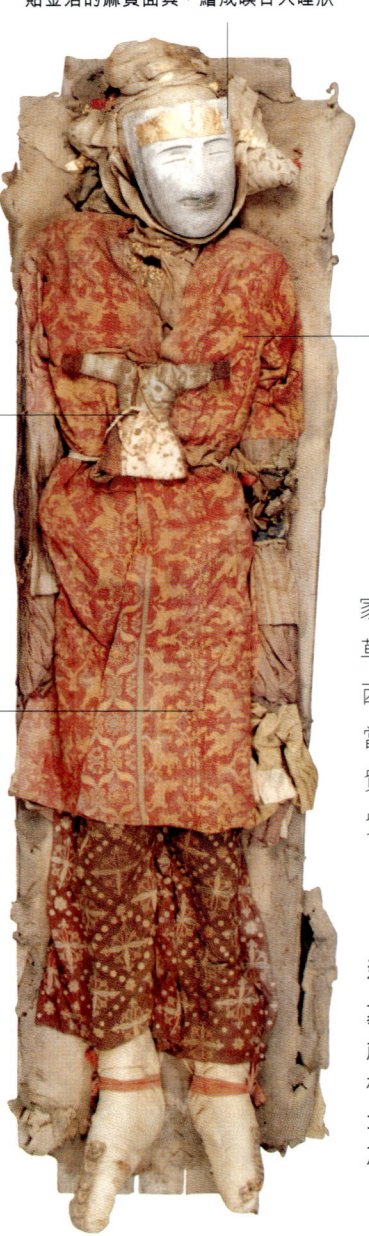

高鼻大眼的男性，裸體鬈髮，肌肉結實

人獸樹紋外袍紋飾局部復原圖
墓主人遺體着毛織外袍，繡上希臘化的人獸紋，紋樣規整，樹、人、動物相間出現。

新疆營盤墓地墓主人
墓主人可能是一位來自西方的富商，約二十五歲，身高180厘米。墓主人服飾華麗，外袍紋樣帶有濃厚的希臘藝術風格。營盤位於孔雀河北岸，有古城、烽燧等遺址，在絲綢之路上處於重要位置。

是與朝鮮半島和日本的交往，後者是與波斯帝國的交往。當時波斯帝國強盛，控制了波斯灣到印度河口沿岸的交通線，也壟斷了從波斯到錫蘭（今斯里蘭卡）的貿易。西南線以錫蘭為中轉，中國的商品由此運向西方，西方商品也由此轉航東北沿東南亞至中國。沿這條路線到中國南方，今天發現了許多異國文物。

中外交流豐富多彩

中國輸出的既有大量的日用品如紡織品、陶器、醫藥等，也有當時先進的科學技術甚至能工巧匠，如養蠶繅絲等。外國傳入的如印度的佛教和犍陀羅藝術、朝鮮的音樂、波斯的薩珊文化、大秦的繪畫和雜技，甚至埃及的玻璃製造技術等，對中國經濟文化的發展，產生了重要影響。

這時期的中外交流有幾個特點：首先，在交流中先進的中國傳統文化，始終佔主導地位。許多外國商賈、僧徒、留學生等在中國首都駐足，表明當時中國文化代表了亞洲文化的最高水平。其次，雖然中國南北分裂，但並未影響與他國來往。第三，文化的雙向交流豐富了中國的傳統文化，促進了中國文化的更新和發展。

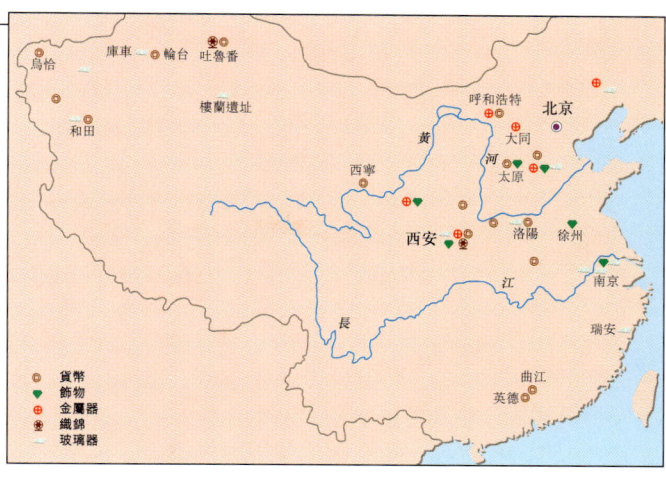

中國出土的中亞與西亞遺物分佈圖
這些文物是中國古代由公元2～11世紀與外國通商及文化交流的明證。其中魏晉南北朝是中西交通的重要階段。

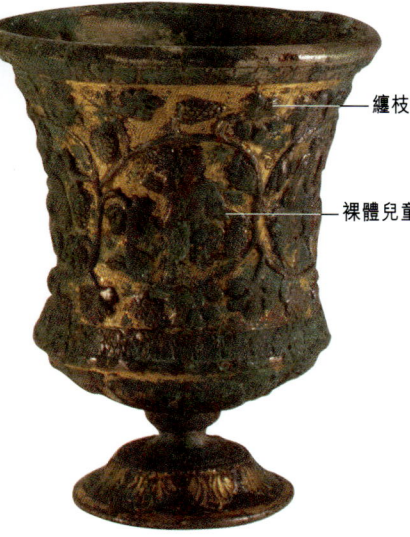

纏枝葡萄

裸體兒童

頭像大眼高鼻，
應是薩珊國王像

波斯薩珊王朝銀幣
波斯銀幣在當時具有國際貨幣地位。現從新疆、河南、內蒙古等地發現近一千二百枚波斯薩珊王朝的銀幣，可知魏晉時期銀幣已在中國流通，這也是波斯與中國貿易的物證。

鎏金葡萄人物紋高足杯
這是由東羅馬傳入北魏的貴族用器。公元前6世紀葡萄紋即在地中海一帶流行。由於絲綢之路的開通，葡萄紋在北朝傳入中原。

鎏金銀杯
這隻銀杯在今大同（即北魏的都城平城）出土，是經由陸上的絲綢之路輸入中國。杯上的浮雕圖案及刻紋具羅馬風格。

絲綢之路的暢通
② 通往波斯及拜占庭之路

中國和古羅馬、波斯等國家的來往，在漢朝就已開始。三國時，中國絲絹的主要顧客，便是羅馬人與波斯人。作為東西方絲綢貿易的平衡手段，中國向西方輸出絲綢，又從西方輸入金銀器、玻璃、香料、毛織品等。西方貨幣在西域地區流通使用，充分反映了中國在絲綢貿易中的"出超"態勢。

市無二價的羅馬商人

古羅馬帝國，位於黑海和地中海之西，當時國內"有城邑合四百餘，東西南北數千里"。早在漢朝，中國就有使者通大秦（即古羅馬）但未果，而大秦國使者卻到達了洛陽。三國時期，大秦商人秦論抵建業，西晉時大秦使者又到洛陽，向中國政府饋贈方物。大秦人喜愛中國的蠶絲，他們把它織成胡錦，然後與鄰國進行交易。當時中亞一些地區買賣貨物，往往討價還價，唯大秦商人市無二價，這一風尚給中國商人留下深刻印象。

鎏金銀瓶

鎏金銀瓶的外腹用凸紋錘出三組羅馬人物圖像，表現的是希臘神話中愛神得到金蘋果後一系列驚心動魄的場面。

公元395年羅馬帝國分裂為東、西羅馬。東、西羅馬與中國仍有通商。北魏在洛陽設置四夷館，一萬多家四方商賈居此，其中就有東羅馬商人。

絲綢之路上的波斯薩珊

從公元前2世紀起，統治伊朗高原的是安息王國。公元226年，新興的波斯薩珊王朝滅安息，成為伊朗高原的主人，首都在今伊拉克巴格達附近。魏晉南北朝時代，由於波斯薩珊王朝處於絲綢之路溝通中西方的必經之路上，兩國貿易來往不斷。波斯為獲取中國的養蠶絲織技術，曾派使者與中國通好，使節到過北魏平城、洛陽，以及西魏的長安，北魏也曾派使臣去過波斯。

南朝梁武帝時，波斯國王曾派遣使節到建康訪問，並贈送佛牙等禮物。這些使臣是從海道遠航印度洋來到中國江南的。作為海陸路絲綢之路交通網的中心，波斯當時既是中國生絲的最大儲存庫，也是這一貿易的壟斷中心。

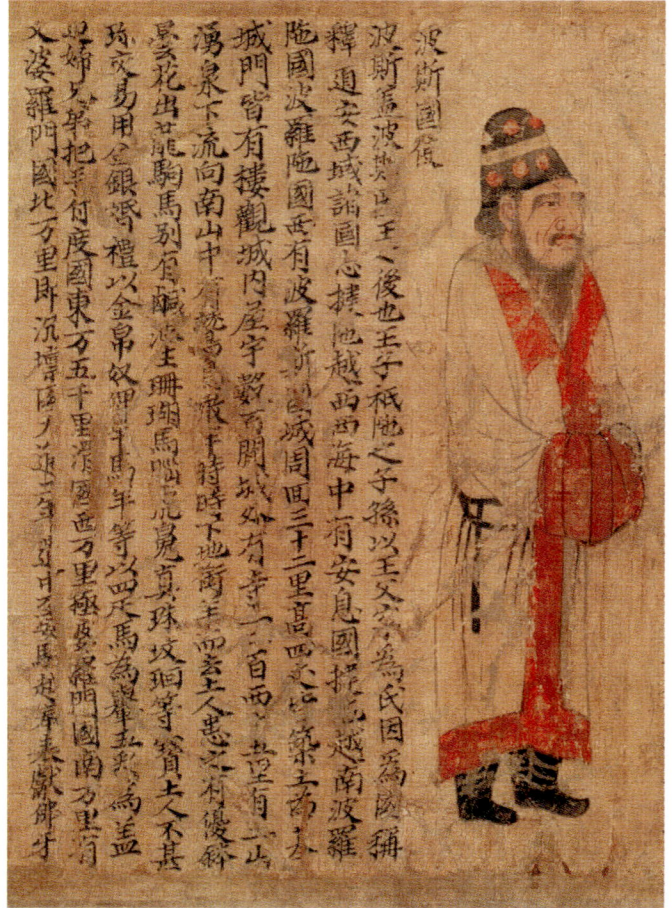

《職貢圖》之波斯國使

榜題描述了波斯國內的風物。所記同《梁書·諸夷傳》波斯條所述"中大通二年（公元530年），遣使獻佛牙"之事。

140

140

對鳥紋錦

這塊在粟特出產的織錦，聯珠紋內有對鳥圖案，與波斯錦的風格相近。

貴重器皿與蠶桑

魏晉統治者熱衷於美麗的玻璃製品，當時羅馬玻璃生產在世界上獨樹一幟，於是其產品及製造技術大量輸入中國。南京地區魏晉士族墓出土的玻璃杯、遼寧出土的吹製成形的鴨形水注玻璃器，均質薄透明，並有磨花裝飾，與公元一二世紀在地中海地區流行的羅馬玻璃器極為相似，它們是分別從海上和陸上運到中國的。

在製造技術上，中國仿效羅馬配方製作出造型新穎的鈉鈣玻璃，並造出羅馬樣式的透明玻璃碗。中國的這一成就，使玻璃業的工藝水平大大提高，此後中國自製玻璃漸多而美。這時羅馬和波斯工匠鑄造的金銀器也輸入中國，它們都極富藝術造型之美。

中國養蠶繅絲織造技術是世界各國欽羨的秘密，公元552年，羅馬終於在兩位印度僧侶的幫助下，從新疆獲得了中國本土的蠶種和桑樹。養蠶繅絲技術自此傳入歐亞大陸，這是中國對世界的巨大貢獻。

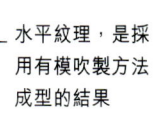

水平紋理，是採用有模吹製方法成型的結果

菱形格網紋

網紋玻璃杯

這件北魏酒具，杯壁僅厚0.2厘米，內壁光滑。造型與花紋裝飾具有拜占庭風格，與敘利亞、伊朗等地出土的玻璃器接近。玻璃製品早在漢朝便由古羅馬商人經海路輸入中國，只有少數皇室貴族家庭能擁有，多作裝飾，也有在宴飲時用，其珍貴程度與金器相約。

波斯武士鬥野豬銀盤

赤膊武士持棒與兩頭野豬搏鬥。雖然銀盤部分已殘，但仍可看出人和獸均雕刻得細緻精美。

波斯人頭像銀碗

碗上人像所穿戴的帽子和服飾均是波斯風格的。

③ 與印度、西域諸國的關係

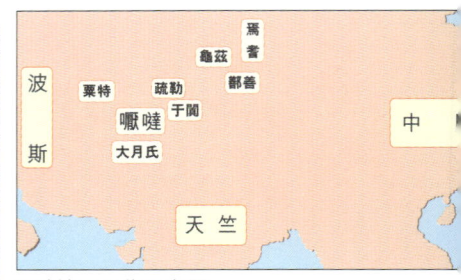

西域諸國分佈示意圖

公元4世紀後,在中西方貿易中,西域之遊牧與印度諸國之舟航起着轉運貿易、中間販賣的作用。由於羅馬金幣、薩珊銀幣的流入,當時在武威以西,包括敦煌、吐魯番,形成一個貨幣特區。西域諸國在輸入中國的生絲後,織成其民族喜愛的產品,在吐魯番、敦煌文書中提到的"波斯錦"、"胡錦"等便可以窺見當時的流風餘韻;印度的香藥文化也輸入中國,從印度還傳來砂糖的製法。

法寶與香藥的聖地:
印度諸國

印度古稱天竺。天竺有五國,稱為五天竺,與中國南北朝在水、陸路都有來往,其中以中天竺與中國關係最為密切。前秦時中天竺笈多王朝曾遣使來長安,南朝宋時又遣使到建康訪問。中國高僧法顯,也於東晉安帝時西行達中天竺都城華氏城,住了三年之久。與中國北朝來往的主要是北天竺的犍陀羅國和尼婆羅國(今尼泊爾)。犍陀羅都城富樓沙城(今巴基斯坦白沙瓦),其國王曾多次遣使來洛陽。

隨着中印交往的擴大,佛教法寶對中國的影響加深,如中國麥積山石窟和雲崗石窟早期佛像上都留下濃厚的犍陀羅藝術風格。與此同時,當地的香藥文化也同佛法一起,不斷傳入中國。中國人從印度人那裏得到許多關於焚香料、化妝香料、藥用香料的知識,桂皮、沉香、旃檀等印度特產大量輸入中國。以香湯沐浴清淨身體一時風行,香藥成為士族生活中追逐的對象。

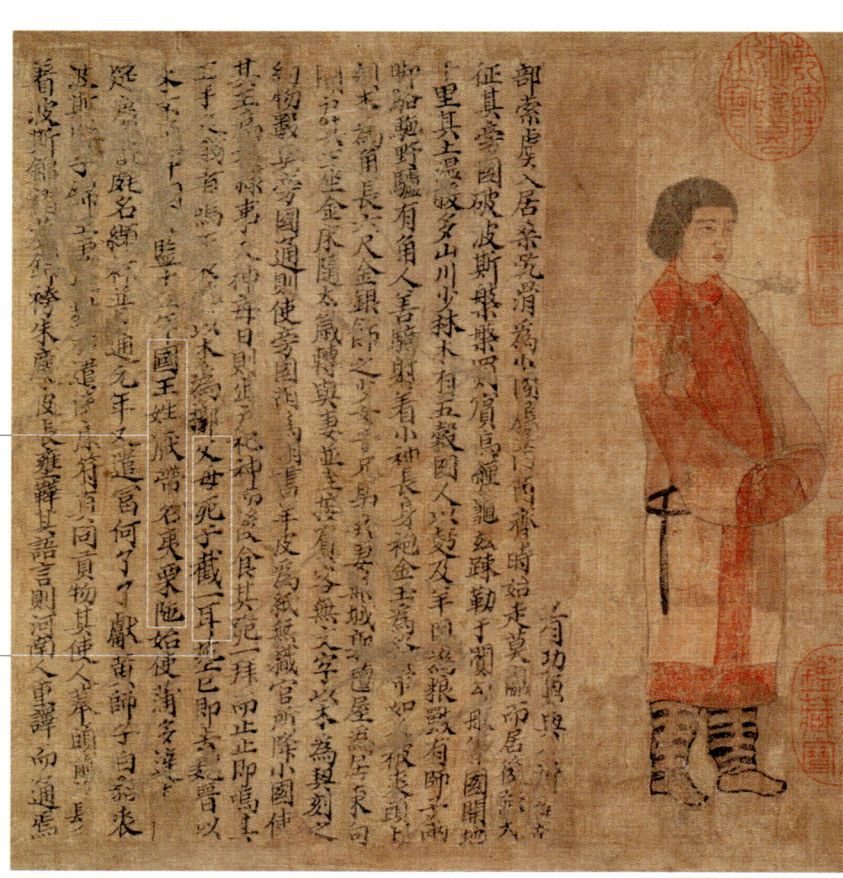

"國王姓厭帶,名夷栗陀",北朝便是以其國王的姓氏稱其國為"嚈噠"

"父母死,子截一耳",是該國獨有的喪葬文化

《職貢圖》之滑國使
南朝稱"嚈噠"為"滑國"。嚈噠國崛起於公元5世紀,國人強悍善戰,很快成為中亞的強國。

陸路貿易的中間商：西域諸國

西域之稱，始於西漢，原指玉門關以西、巴爾喀什湖以東及以南地區，後來泛指蔥嶺以西諸國皆為西域。當時有六十多國，但較有名、疆域較大的有大宛、大月氏、嚈噠、吐谷渾、龜茲等國。這些國家既與中國保持直接的交往，又在中西方貿易中擔任中間商的角色，起着溝通雙方的作用。

粟特國是西域較為注重商貿的國家，粟特人性好經商，又諳熟當時的國際商業語言粟特語及突厥諸族語言，因而擔任起東西方貿易中間商的角色，他們販運的完全是香料和貴重物品。當時一部分粟特人致富後，甚至在涼州附近定居下來。粟特人中還有一部分從事手工業，他們精於銀器、銅器製作及製革。近年來，在新疆吐魯番地區發現了近兩千片漢文文書，其中不乏有關粟特人的記載。

方形圍牆

米蘭佛塔
這座佛塔位於若羌縣東米蘭佛寺遺址中，是仿照印度佛塔的形式建造的。遺址內殘存佛教壁畫。

這是龜茲與梁朝的一次外交活動

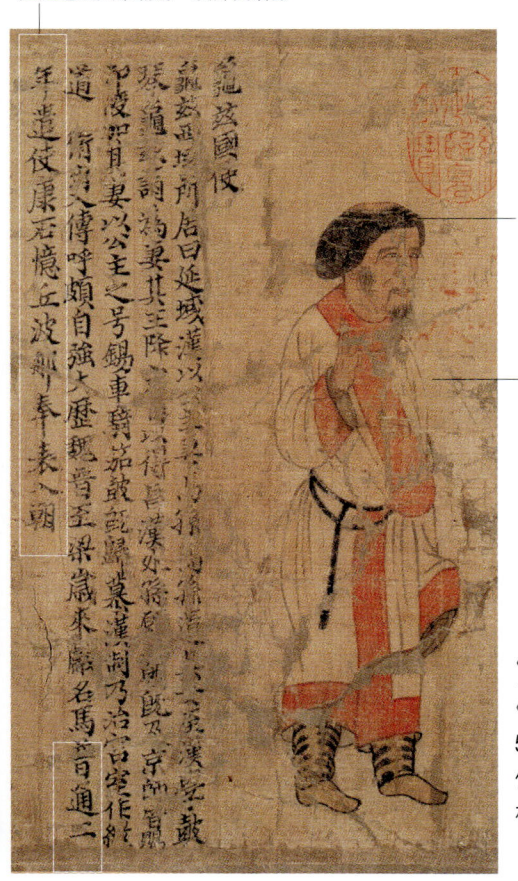

鬟髮盤起

寬鬆衣裳

《職貢圖》之龜茲國使
《梁書》記載梁武帝普通二年（公元521年），龜茲王尼瑞摩珠那勝遣使致書梁朝，贈送方物，而此圖的榜題則記錄了使節的名字。

西域的郵政
這是用佉盧文書寫的信函，由上下兩片木牘合成，兩牘中間用三道繩槽和封泥槽連接。函牘尚未開封，至今仍可見繫繩、封泥，這是精絕王國時期的函牘，是一封未發送出去的郵件，由此可見西域各地之間的函牘郵遞的封緘、傳送的形式與制度。

行款自右
向左書寫

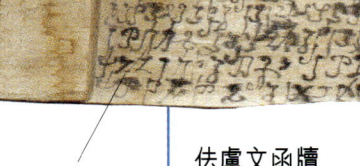

佉盧文函牘
佉盧文原是一種古印度文字，流行於今印度的西北部，屬塞姆語系阿拉米文支系，公元2～3世紀沿着絲綢之路流傳中國新疆地區。佉盧文木牘記錄的語言與印度的梵文俗語不同，屬"尼雅俗語"，證實西域一帶雖然使用佉盧字母，但明顯接受了當地的語言。

中國境內的粟特人和拜火教

魏晉南北朝，中西方之間經濟文化交往的大門洞開，絲綢之路空前繁榮，這不僅帶來商業貿易的繁盛，多種西方的宗教信仰同時湧入，對當時社會的思想、文化以及生活習俗都產生了難以估量的影響。

隨着絲路的繁榮，各地商旅往來頻繁，當時甘肅武威、平涼，陝西西安，河南洛陽，山西大同等城市成為中西亞商旅的聚集之地，其中來自中亞的粟特人佔了很大比例。粟特人生活在蔥嶺以西，主要以農業為主，兼營畜牧，尤善經商，自漢朝以來一直是絲綢之路上的主要商人。南北朝時期，他們大量進入中國境內定居，以從事轉手貿易為主。

粟特人崇信的拜火教，即祆教，亦在魏晉南北朝時期傳入中國；拜火教以《波斯古經》為經典，主張滅惡揚善。善是光明與生命的源泉；惡是黑暗與死亡的根源。因此，拜火教祭祀光、火、日、月、星辰等象徵光明之神，並認為火是諸神中最偉大、最有力量的。隋唐時祆教更是盛極一時，成為中亞地區最大的宗教之一。那些在中國生活的粟特人始終遵守拜火教的嚴格規定，保持此教特有的生活習俗和禮儀。

自魏晉開始，朝廷在這些外國僑民及商人雲集的地區，設置薩保，專門負責管理旅居中原的胡商及主持祆教祭祀。在陝西西安發現的一座北周貴族墓葬，墓主人就是一位入籍北周的粟特人，名為安伽。他是北周同州（即今陝西大荔）的薩保、大都督，以"安"為姓氏，是因為他的祖先是"昭武九姓"中的安國人。從其墓葬和當中的壁畫及石雕，可以了解祆教的葬俗及儀式：粟特人死後，會先讓狗把屍身吃掉，僅剩骨骼，再由家人收殮埋葬。後來受佛教影響，粟特人接受了火葬，將死者燒餘的殘骨用甕罐盛放，埋入地下，但始終沒有正式的墳塋。

安伽墓誌蓋拓片
拓片全文是"大周同州薩保安君之墓誌記"。"薩保"原為粟特的官名譯音，北齊起設為鴻臚寺祀官。

石榻雕刻圖案
這是棺床前方的動物圖案，鷹、象及牛頭均是側面。

祭祀圖左面的人身鷹足神

祭司戴黑色口罩，防止
祈禱時不慎吹熄聖火

祭祀圖右面的人身鷹足神

供養人

聖火

墓門及門額祭祀圖

進入墓室的石門被視為通向天國之門。門額上的圖像表現了拜
火教的祭祀儀式，是整個墓葬壁畫的靈魂所在。門額圖中祭壇
左右的人身鷹足神是拜火教的祭司形象，具有與神溝通的力
量，外貌是典型的粟特人。

祭祀圖正中的祭壇

拜火教本名瑣羅亞斯德教，瑣羅亞斯德是拜火教的創始人，
其名字在波斯文中就是"老駱駝"或"黃駱駝所有者"的意思。
圖中正舉行隆重的拜火儀式，聖火正由三隻駱駝背馱。

海上通道的開闢
① 與高句麗、百濟、新羅的關係

高句麗、百濟、新羅，在今中國東北和朝鮮境內，原為漢朝的屬國，故有關它們的文獻史料很多。在這三國中，以高句麗與中國關係最為密切，且為三國之最強盛者。此三國的文化、宗教、生活習俗受中國影響較大，它們一方面吸收先進的中國文化，一方面又起着橋樑作用，將中國文化東傳到日本。

強大的國家高句麗

高句麗是由部落發展起來的國家，早期定都今中國遼寧省桓仁縣，南北朝時遷都朝鮮平壤。當時，高句麗的階級分化明顯，"其國中大家不佃作，坐食者萬餘口。下戶遠擔米糧魚鹽供給之"。其屬地橫跨鴨綠江南北，在朝鮮半島的幾個國家中國力最強，戶口達九萬戶。

高句麗每年都和東晉、十六國、南北朝有使節往來，而且受到禮遇。公元439年，高句麗王一次贈南朝宋文帝戰馬八百匹，並每年贈北魏黃金二百斤、白銀四百斤。同樣中國也贈送價值相等的禮物。當時中原紛亂，不少中國人流亡到高句麗，北齊時一次就遣返了五千戶。高句麗很早就接受了中國儒家思想，在國都平壤設太學，讀中國書籍五經與史書，並接受佛教傳入。高句麗在汲取中國文化的有益成分後，又把它介紹到南方的百濟、新羅和日本，對這些國家產生深遠影響。

好學求書的百濟、新羅

百濟是從馬韓部落發展而來的一個國家，它東界新羅，北接高句麗。馬韓在漢朝時分為五十四個部落，公元前1世紀百濟逐步統一其他馬韓部落，4世紀初形成百濟國。

百濟國於北魏時便遣使至北朝的洛陽、鄴城等，以後與東晉南北朝均有使節往返，也信奉佛教。梁武帝時期，百濟的使節特地到建康"求書"，"並請《涅槃》等經義、《毛詩》博士，並工匠、畫師等"，梁武帝均滿足了百濟的要求。百濟並採用南朝的《元嘉曆》。兩國經濟、文化交流頻繁而密切。

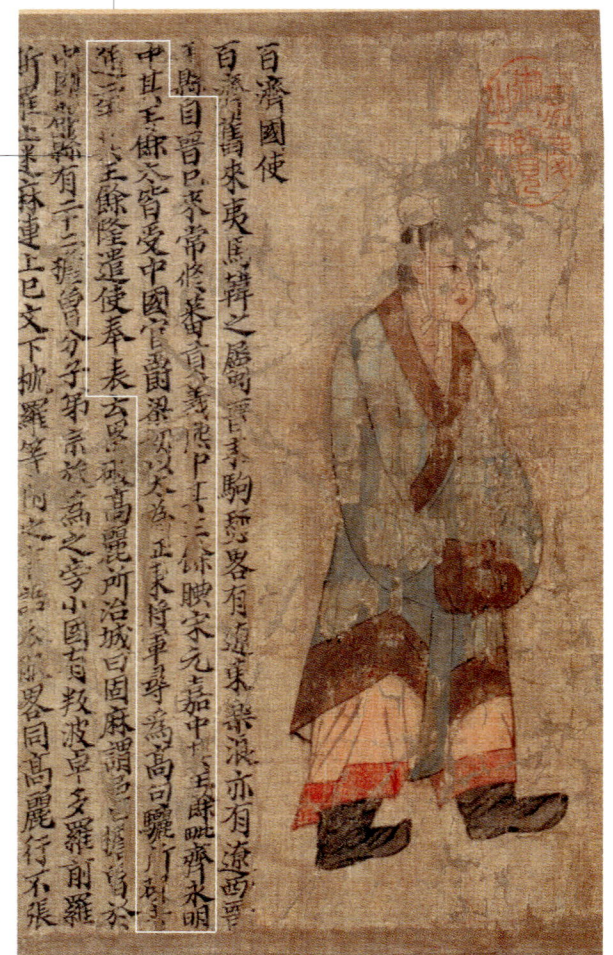

榜題記載中國與百濟的交往自西晉已開始，宋、齊、梁朝皆有百濟使朝貢不絕

《職貢圖》之百濟國使
百濟國使樣貌端莊，戴白冠帽。服飾與高句麗和新羅相近。

新羅則是從辰韓、弁韓兩部發展而來，公元356年建國，也先後派遣使節來南北朝訪問，並接受中國文化。

兩次重大考古發現

大量出土文物的發現，證明了朝鮮半島與中國的友好交往，其中對高句麗和百濟的兩大考古發現最為著名。

1971年在韓國忠清南道公州郡公州邑宋山裏發掘的百濟國王余隆（武寧王）陵墓，完好無損，出土文物近三千件，其墓葬結構仿自中國南朝大型墓室。最引人注意的是這座墓無論是陵墓營造方法、規模、結構，還是出土青瓷、銅鏡等文物，都和中國南朝陵墓及隨葬品驚人的相似，強烈地反映出受南朝文化的影響。

1949年在朝鮮黃海北道安岳郡發掘的冬壽（原前燕國司馬）墓，其墓葬結構、壁畫、墨書題記保存完好。冬壽在高句麗居往二十二年，仍完整地沿用中國的生活習俗，並無變化，這十分清楚地說明冬壽對中原傳統文化的繼承。

高句麗貴族狩獵圖

玄武壁畫

墓主人壁畫

坐榻，是漢化的坐具

公元5世紀北魏與高句麗等國位置示意圖

強盛的高句麗

高句麗國與分佈於東北的古老民族濊、貊族有關。

高句麗國的開國君主朱蒙自稱為扶餘的後裔，其部族早期主要分佈在渾江與鴨綠江流域。朱蒙打敗渾江一帶的部落，於公元前37年建國。北魏中期高句麗達到鼎盛之時，是位於中國東北的一個強大的部落國家，人口已由早期的三萬戶增到九萬。至今留下許多城址和墓葬，證明魏晉南北朝時代，高句麗是東北亞各國中國力最強盛、文化最發達的國家之一。

高句麗早期仍保留着氏族制的遺俗，國王為世襲，地方行政劃分為若干區域，每個區域以一個部族為核心，一個由國王直接管轄，其餘由各部首領自行統轄。建國後相當長時期內，仍保留氏族制的議事制度，由各部首領共同裁決國家大事。魏晉南北朝時，高句麗的官制出現很大變化，行政機構與官吏名稱受中原影響很大。

高句麗建國後，與東漢、曹魏來往頻繁，勢力一度達到遼東。它受中原文化影響很大，還將中國文化傳到朝鮮半島南方的百濟和新羅兩國，以及渡海到日本。所以高句麗是魏晉南北朝時在東北邊境地區和中原關係最密切的國家。

鱗片狀鎧甲

高句麗武士圖
公元4世紀中葉以後，高句麗戰爭頻繁。這幅壁畫中的武士似正慷慨迎敵。

鎏金銅鞍橋
這對鎏金銅鞍橋，鑲嵌在木質或皮質馬鞍的邊緣，使馬鞍更耐用和美觀。東北民族擅長騎射，更以騎馬作戰。此馬具的形制與河南晉墓出土的馬鞍橋大致相同，從中窺見中原和北方文化的融合。

人像石刻
這個以單線陰刻的半身正面人像，應是高句麗土著居民形象。人像身上的鑿孔所形成的神秘圖案，或與高句麗的宗教信仰相關。這塊石刻可能是當地傳統祭祀禮儀的遺迹。

耳環　菱形幘冠

二十個圓窩，以胸前兩乳間為中心

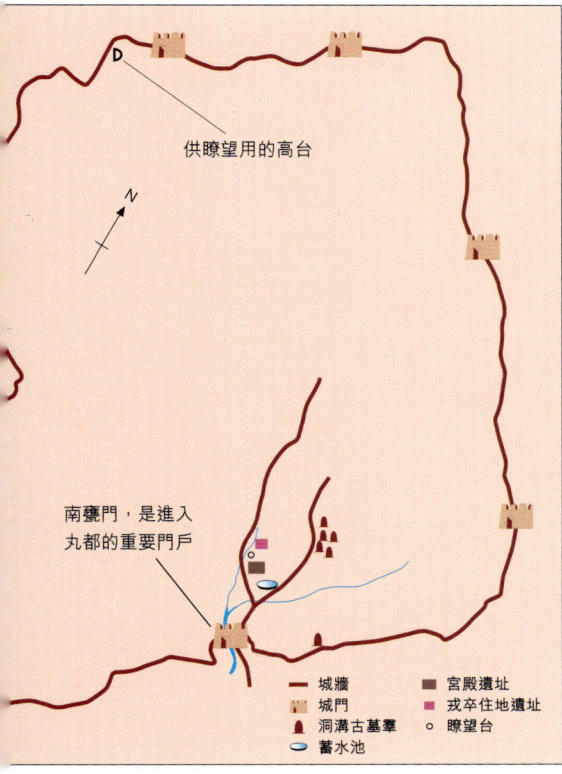

供瞭望用的高台

南甕門，是進入
丸都的重要門戶

城牆　　■ 宮殿遺址
城門　　■ 戎卒住地遺址
洞溝古墓羣　○ 瞭望台
蓄水池

丸都山城的佈局

高句麗的城市很多建在山丘上，有利防守和保衛，成為高句麗的特色。丸都山城建於吉林省集安縣城（今市區）的高山上，海拔最高為676米。丸都山城居高臨下，有陡峭的羣山環繞，入口處兩峰對峙，是極佳的天然屏障。城牆依山勢而築，周長6951米。

瀉水洞，直通城內，以輸水入城

高句麗山城的蓄水池

高句麗的城市建於山上，為解決供水問題，一般都有儲水設施。在城市周圍的低窪處，建立若干蓄水池，雨季蓄水，旱季供水。這個位於吉林市東郊龍潭山上的蓄水池，建於山城北部低窪處，由石材砌成，池深9.08米，可蓄水約1萬立方米，是高句麗山城的典型供水設施。

丸都山城城牆遺址

由於在山上建城，因地制宜以石頭築砌城牆，並用米漿與碳的混合土抹縫，既使城牆更堅固，也是較易得的建築材料。隨山脊起伏，城牆高矮不一，在山脊下陷之處築牆越高。

平整的花崗岩石材

排列有序的高句麗古墓羣

高句麗的國力日益強大，相繼在地勢險要的水陸要衝築大量山城，並在山城周圍遺留下密集的墓葬。高句麗的墓葬多分佈在富爾河、渾江、鴨綠江一帶，尤其以遼寧桓仁和吉林集安兩地最集中。

高句麗的墓葬主要有積石墓和封土墓兩類，桓仁墓羣時代較早，均為積石墓；集安墓羣時代較晚，早期為積石墓，晚期為封土墓。積石墓流行於公元3～5世紀，桓仁的大型墓葬均為積石墓，共七十餘座。墓葬築有基壇，在基壇以上鋪砌出平面，屍體和隨葬品即置於其上，然後在上面用石塊封蓋。這些積石墓排列有序，墓墓相連，最南端高崗上為一座，其北鄰為兩座，再向北擴為四座，然後依次排列成四行，顯然是最高統治者的世代墓地，並可能是基於氏族關係，按族系和行輩安葬的。

白玉耳杯

玉杯是用完整的新疆和闐白玉磨製而成，光滑潤澤，杯內隱約可見條狀白瑕，柔美和諧。杯口長13厘米，寬9.5厘米，通高3.2厘米，其形制、大小與中原地區同類物品完全相同，應當由中原流入高句麗，為貴族階層享有的時尚用品。

洞溝貴族封土墓羣

這是後期流行的封土石室墓，位於吉林省集安市洞溝，古墓羣是兩組成排的大型封土石室墓，墓室內繪有精美的壁畫，是高句麗的貴族墓葬。

在集安墓葬羣的積石墓，多分佈於山麓，形式多樣，反映了高句麗各階層身分的不同和葬俗的變化。其中的方壇階梯石室墓，多為高句麗王陵，如千秋墓、好太王陵、將軍墳等。氣勢宏偉，築造精緻。到了公元4世紀時，封土壇逐漸興起，積石墓日趨式微。

在高句麗墓中出土的日用陶器和鐵器，均與漢魏時期中原地區的形制相同。出土的鎏金器和金銀器，樸拙中見纖巧，具有獨特的民族風格。

好太王陵

高句麗好太王陵位於洞溝古墓羣區內，是階壇式的石室墓。好太王名談德（公元373～412年），是高句麗第十九代王，是高句麗歷史上的傑出君主。

洞溝方壇積石墓羣

位於吉林集安的高句麗洞溝古墓羣共六處，萬寶汀墓區是其中最大的，佔地約1000平方米，有墓葬一千五百多座，是採用早期的方壇積石墓，依山坡順序成片、或成行地埋葬，應屬高句麗貴族的家族墓葬羣。

棺床

方形石砌墓室

清理後的墓葬內部

這是洞溝禹山墓區一座等級較高的貴族墓。經發掘後，可見這種封土石室墓內部的墓室結構。

即百濟

好太王寧其業
百殘新羅舊是
由來朝貢而倭

好太王碑碑文局部

碑文顯示了百濟及新羅與高句麗的朝貢關係。

好太王碑

此碑位於吉林省集安市，建於東晉義熙十年（公元414年），碑身四面共環刻了一千七百七十五字，是高句麗長壽王為其父好太王所立的紀功碑。碑文書體為隸書，內容涉及四五世紀間高句麗與周邊部族及朝鮮半島新羅、百濟和倭國之間的關係。

壁畫所見
的高句麗文化

公元209年，高句麗遷都丸都山城。近人於其附近發現了一批封土石室墓，墓內的壁畫反映了高句麗晚期政治、經濟、文化及風俗生活方面的豐富內容，也顯示了高句麗文化與中原文化和南朝文化的密切關係。

這些壁畫內容為各種生活題材，如出行、戰爭、舞蹈、狩獵、百戲、宴飲，以及佛教方面的四神、飛天、菩薩、伎樂圖像；除了壁畫題材受華夏文化影響之外，人物的服飾、佛教的圖案、模擬的紡織品紋飾等，都與中原和南方地區所發現的文物內容相似。

根據史料可知，高句麗和東晉、十六國以及南北朝，每年都有頻繁的使節往來。它從建國以來就接受了儒家思想，並模仿中國在國都設太學，讀五經、三史，用的是漢字；公元372年佛教自中國傳入高句麗後，佛學和佛教藝術也影響了其社會生活。

力士像

力士是鎮守墓室的神。力士四肢粗壯，威武有力，高舉雙手，雙腿叉立，似正使勁托物，是現實化的神的形象。

仙人壁畫

這是高句麗的傳統仙人形象，與中原的仙人不同。仙人飛天翱翔，手持火把照亮，引導墓主人走向天國之路。

手拿火把

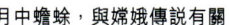

月中蟾蜍，與嫦娥傳說有關

彈琴的伎樂

女媧像

女媧是人首蛇身，模樣與中原傳說相同。

奏樂及狩獵圖

樑枋上部的花紋圖案之間，繪有兩女子撫琴奏樂，表現了高句麗能歌善舞的習俗。樑枋下部是圍獵圖，當時，漁獵、畜牧及農業均是高句麗人的主要謀生方式。

繪塗的木樑柱，具漢族建築特色

高句麗壁畫墓內景

高句麗人把各種生活內容遍繪墓室之內，四壁有樹木和人物等圖像，墓頂則有各種花紋。由於壁畫色彩剝落，部分已露出灰白的底色。

海上通道的開闢
② 中日交往的開端

公元2～3世紀，日本島出現了一個服屬二十多個部落的、勢力強大的邪馬台國(在今九州北或奈良)。中國三國時期，其國王為獨身女子卑彌呼，她以"鬼道"牢籠人心。當時中國與邪馬台交往較多。4世紀初(中國兩晉時期)大和政權取而代之，自西晉末至南朝時，大和國逐漸統一四國，進而渡過海峽，向朝鮮半島擴張勢力。在這期間，日本與中國繼續保持交往。

中日交往的通道

曹魏景初二年(公元238年)，邪馬台國女王首次遣使到洛陽朝獻，這是見於史料的日中往來的最早記錄。正始元年(公元240年)魏派使節抵邪馬台國。之後，雙方關係不斷。大和國建國後，其國王繼續遣使來訪，一直到南朝各代未曾間斷。

從考古發現中可以推測，5世紀以後，因北方航道不通，中國去日本改由南道，由長江下游經海道轉百濟到日本或直接抵日，也可能自當時的會稽郡東冶縣(今福建福州一帶)入海，由夷洲(今台灣)、琉球經九州南部的亶洲(今種子島)而達南九州。其後，日本為佔據與中國直接交通的據點，又侵佔了朝鮮半島。

日本全面輸入中國文明

中日交往中，中國文明不斷傳入日本。在生產方面，中國派遣"吳織"、"漢人"傳授紡織技術和從事製陶、製鐵等的生產技能。逃避戰禍到日本的中國和朝鮮移民，因有手工業技術，被編入從事手工業生產的部，如衣縫部、織錦部、鞍部等，能書寫記錄的人就編入文部或史部。日本還學會了中國的養蠶及絲織技術。鐵器以及製鐵技術的輸入，使得日本沒有經過青銅時代而直接從石器時代跨入鐵器時代。

在文化方面，中國曾派遣學者赴日傳授儒學和漢語、漢字的使用法。隨着漢字與儒家經典的輸入，日本開始了一個以漢文化為效法對象的新時代。日本早期的"書道"稱"入木"或"入木之道"，盛傳是由中國書聖王羲之"把墨痕留在木版上"的傳說引申出的。日本學者甚至認為日本假名的各體(包括平假名和片假名)，都是在王羲之書法的基礎上產生的。

魏晉南北朝時代，中日兩國之間的經濟、文化交往已初具規模。迄今國外發現的魏晉南北朝文物，以日本發現的為最多。中國人的生活習俗、衣冠服飾、喪葬制度給予日本的影響至今猶存。

《職貢圖》之倭國使
倭國使的衣服及下裳均束縛在身上，而赤足的習慣則與文獻所載相同。

提劍者，體現了當
時流行的俠義之風

手持名刺，躬
身出示與主人

拜謁圖

這是魏晉南北朝上層社會觀見拜會的場
面。圖中兩人手執寫有姓名和官職的名
刺，一人提劍。隋唐以後，名刺與俠士之
風在日本相當流行，影響至今。

朱然墓出土的木屐原貌

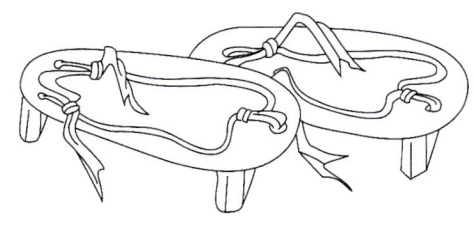

朱然墓出土的木屐

這是在三國時代將軍朱然的墓中發現的木屐殘
餘，墓中其他出土物如飯盒、漆憑几和名片，
均與日本至今仍在使用的極其相像。這些東西
過去一直認為是隋唐以後才從中國傳過去
的，現在可以推斷可能早在一千
七百年前就已傳入日本。
朱然墓的發現，給中
日關係史的研究
增添了新的
篇章。

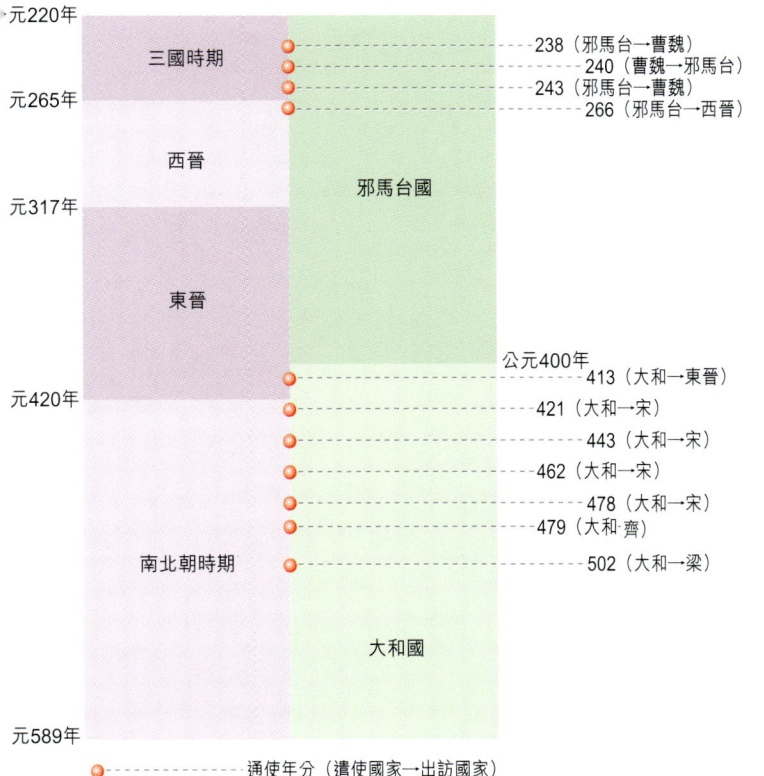

元220年	
三國時期	238（邪馬台→曹魏）
	240（曹魏→邪馬台）
元265年	243（邪馬台→曹魏）
	266（邪馬台→西晉）
西晉	邪馬台國
元317年	
東晉	
	公元400年
	413（大和→東晉）
元420年	421（大和→宋）
	443（大和→宋）
	462（大和→宋）
	478（大和→宋）
	479（大和·齊）
南北朝時期	502（大和→梁）
	大和國
元589年	

通使年分（遣使國家→出訪國家）

魏晉南北朝時代中日使節往來表

③ 海道中轉站：與南海諸國的關係

玻璃瓶

印度洋到南海的航線，是世界上最早的海外貿易路線，南北朝期間，南海貿易得到發展。南海當時約有十二國，主要有林邑（今越南中部）、扶南（今柬埔寨）等。古羅馬商人每年發船百餘艘，來到南洋諸國，與中國、印度商人等互易貨物。中國人主要以絲帛為大宗商品，換取象牙、犀角、珍珠、香料等，羅馬商人則將絲綢運往紅海港口。南海諸國成為轉運中心。

由於南北朝時倡導海外貿易，故在南海的洋面上出現了"舟舶繼路，商使交屬"的局面。

林邑國和扶南國

林邑國在三國吳時期向北擴張，與中國交州連年發生戰爭，到南朝雙方俱感疲弊而罷。該地氣候溫暖，盛產棉布，並輸入中國。它與南北朝諸國關係密切，曾二十餘次遣使來洛陽、建康訪問，互贈禮品方物。三國吳時期曾派康泰、朱應出使扶南國，扶南國國王亦遣使來建康，帶來樂人和禮物。自後西晉武帝泰始四年（公元268年）到陳後主禎明二年（公元588年），有二十餘次遣使來京城訪問，贈送禮物有象牙佛像、珊瑚佛像、犀牛、馴象及寶石所製的火齊珠、玻璃器等，中國政府也回贈了珍貴的織品。

其他南海諸國

據歷史記載，曾到中國來的包括狼牙修國、槃皇國、丹丹國、槃槃國、訶羅單國、干陀利國、婆利國。狼牙修國是當時東南亞地區東西貿易往來的必經之地，梁武帝時曾三次遣使來訪，饋贈方物。槃皇國在宋文帝至宋明帝時，七次遣使來建康，與宋互贈禮品。丹丹國在梁武帝至陳後主時，六次遣使來建康訪問，亦贈送金、銀、琉璃、香料等物；在陳太建三年（公元571年），便派出了兩個使團來訪。槃槃國於宋文帝至陳後主時，十次派遣使節來建康，贈送沉香、檀香等香料和藥材等物。訶羅單國、干陀利國、婆利國於宋文帝、梁文帝、陳文帝時數十次訪問建康，贈送地方特產和土產品，南朝各帝亦回贈厚禮。

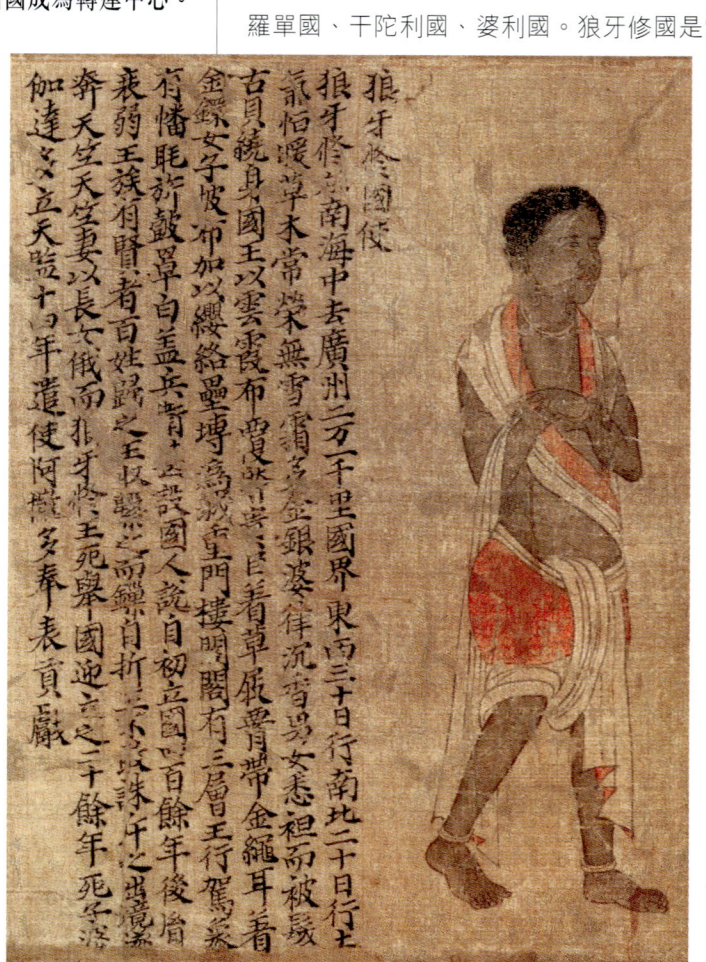

《職貢圖》之狼牙修國使
狼牙修國即今泰國，位處熱帶，國使身上也以巾帶圍繞。

玻璃缽

此玻璃缽是北齊貴族享用的高級盛酒器。漢朝以來，由南海線經廣州等港口入境的貨品中，玻璃器是大宗商品，由於製造工藝複雜，運輸困難，相當昂貴。

玉杯

這隻玉杯是用和闐玉琢磨而成，杯形與中原不同，應是為輸出國外而製造的產品。

玉盞

南海諸國使節帶同地道方物到中國朝貢，而中原朝廷也會答以厚禮，其中這類具中原特色的玉器製品應不會缺少。

中國各朝 海諸國	東吳	西晉	東晉	宋	齊	梁	陳	朝貢物品
占婆國	1	2	5	10	1	7	2	金銀器、香、布，方物如古貝、沉香、玳瑁等
扶南國	2	3	2	3	1	9	3	象牙佛像、珊瑚佛像、犀牛、馴象、火齊珠、玳瑁盤、琉璃器
狼牙修國						3		檀香、沉香
槃皇國				7				（無有關記載）
丹丹國						2	4	金銀、琉璃雜寶、古貝、香、藥
槃槃國				3		4	2	沉香、檀香、詹糖、菩提樹葉
訶羅單國				5				金剛指環、古貝、葉波國古貝、天竺國白疊、赤鸚鵡
干陀利國				1		3	1	金銀寶器、玉盤、金芙蓉、雜香藥
婆利國				1		2		兜鍪（盔）、琉璃器、古貝、螺杯、雜香藥

國與南海諸國交往次數及貢品一覽

每諸國主要與南朝建交，這是地理位置使然。他們呈獻珍貴方物，而中國各朝亦回以豐。如一次扶南與南朝的遣使活動中，記載了南朝政府回贈以絳紫地黃碧綠紋綾，應高級的織錦。

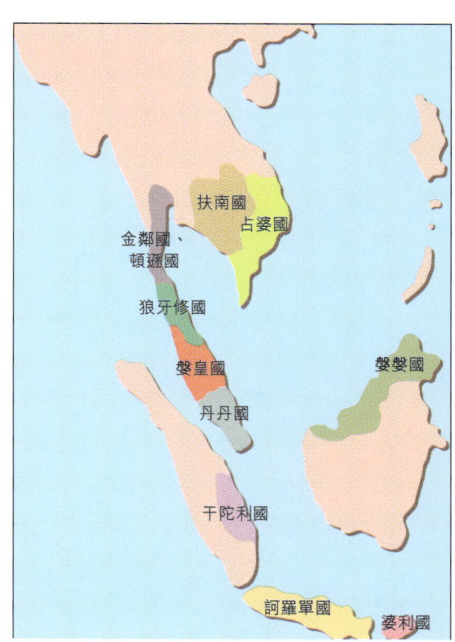

南海各國位置示意圖

南海地區有很多小國，部分的名稱及位置已不可考。

魏　晉　南　北　朝　歷　史　大　事　年　表

公元紀年	王朝紀年	大事記
220年	魏文帝黃初元年	曹丕廢漢獻帝，自立為帝，國號魏，歷時一百九十六年的東漢王朝正式結束。
221年	魏文帝黃初二年、蜀漢昭烈帝章武元年	漢室後裔劉備於成都稱帝，國號漢，史稱蜀漢，以求光復漢室。
229年	魏明帝太和三年、吳大帝黃武八年	吳王孫權自立為帝，國號吳，出現魏、蜀、吳三國鼎立局面。
232年	魏明帝太和六年	建安文學代表人物曹植逝世，其作品推動了後世五言詩的發展。
233年	魏明帝太和七年、蜀漢後主建興十一年	諸葛亮利用木料製作"木牛流馬"，用以運送軍糧。次年病故軍中，北伐受阻，此後蜀漢日益衰落。
238年	魏明帝景初二年	邪馬台國女王首次遣使到洛陽朝獻
240年	魏齊王正始元年	何晏、王弼開始提倡玄學
260年	魏元帝景元元年	朱士行去西域求佛經，取得梵書正本《大品般若經》，由弟子譯為漢文《放光般若經》。
261年	魏元帝景元二年、蜀漢後主景耀四年	蜀製造十石銅弩機，這是基於諸葛亮"損益連弩"改良而成的強力發射機。
263年	魏元帝景元四年	數學家劉徽寫成《九章算術注》，並著有《海島算經》，在數學概念、圓面積、太陽離地面的高度、海島距離的推算等，都有精密的計算方法和正確的解釋。
265年	魏元帝咸熙二年	司馬炎迫魏帝曹奐退位，建立西晉。
271年	西晉武帝泰始七年	裴秀逝世，他創立的"製圖六體"理論，在世界地圖史上有重要的地位，著有《禹貢地域圖》和《地形方丈圖》。
290年	西晉惠帝永熙元年	匈奴人劉淵出任建威將軍、匈奴五部大都督，晉朝重用外族，埋下日後"五胡亂華"之伏線。
291年	西晉惠帝元康元年	汝南王司馬亮、楚王司馬瑋專政爭權，引起賈后不滿，遭到殺害，是為"八王之亂"的肇始。
297年	西晉惠帝元康七年	裴頠深感時人說話虛浮，不守禮法，著《崇有論》，駁斥清談。
299年	西晉惠帝元康九年	江統作《徙戎論》，主張將塞內的氐羌等族徙出塞外。
306年	西晉惠帝永興三年、光熙元年	《南方草木狀》作者、中國最早的植物學家嵇含逝世。
317年	東晉元帝建武元年	晉室司馬睿在建康稱晉王，次年正式稱帝，史稱東晉。
347年	東晉穆帝永和三年	常璩著《華陽國志》，記錄巴蜀史事，是研究西南歷史地理的重要著作。
353年	東晉穆帝永和九年	書法家王羲之寫成著名的《蘭亭序》
357年	東晉穆帝升平元年、前秦苻堅永興元年	苻堅自稱大秦天王，任用漢人王猛為相，勵精圖治。

363年	東晉哀帝興寧元年	煉丹家及醫學家葛洪卒，著有《抱朴子》、《隱逸傳》等，最早記載了"尸注"(結核病)並提出免疫法。
383年	東晉孝武帝太元八年、前秦苻堅建元十九年	前秦苻堅親率大軍南下，被晉軍打敗，史稱"淝水之戰"。
398年	東晉安帝隆安二年、北魏道武帝天興元年	拓跋珪建立北魏，定都平城。
399年	東晉安帝隆安三年、後秦姚興弘始元年	法顯西行求法，412年返國，著《佛國記》記載途中見聞，是古代中外交通的重要資料。
413年	東晉安帝義熙九年、夏赫連勃勃鳳翔元年	夏王赫連勃勃於朔方建統萬城
420年	北魏明元帝泰常五年、宋武帝永初元年	劉裕稱帝於建康，國號宋，東晉亡，南北朝開始。
438年	北魏太武帝太延四年、宋文帝元嘉十五年	宋於建康台城北郊開館，立儒、玄、史、文四學。
446年	北魏太武帝太平真君七年、宋文帝元嘉二十三年	北魏太武帝滅佛
453年	北魏文成帝興安二年、宋文帝元嘉三十年	北魏開鑿雲崗石窟
466年	北魏獻文帝天安元年、宋明帝泰始二年	北魏曹天度造千佛塔
483年	北魏孝文帝太和七年、齊武帝永明元年	北魏孝文帝開始漢化運動
484年	北魏孝文帝太和八年、齊武帝永明二年	齊開鑿建康棲霞山千佛崖石窟
494年	北魏孝文帝太和十八年、齊明帝建武元年	北魏孝文帝遷都洛陽
500年	北魏宣武帝景明元年、齊東昏侯永元二年	科學家祖沖之卒。他把圓周率準確推算至小數點後的七位數，比歐洲早了一千年。
507年	北魏宣武帝正始四年、梁武帝天監六年	范縝《神滅論》成書，反駁佛教人死神不滅的主張。
516年	北魏孝明帝熙平元年、梁武帝天監十五年	梁於淮河築浮山堰，完成後被洪水沖塌，十餘萬軍民傷亡。
518年	北魏孝明帝熙平三年、梁武帝天監十七年	北魏與波斯通使。文學批評家鍾嶸去世，所著《詩品》是中國首部論詩專集。
527年	北魏孝明帝孝昌三年、梁武帝大通元年	水文地理學家酈道元卒，著有《水經注》。
531年	北魏節閔帝普泰元年、梁武帝中大通三年	梁昭明太子卒，所著《文選》是中國最早的詩文選集。
532年	北魏孝武帝太昌元年、梁武帝中大通四年	文學理論家劉勰卒，著作《文心雕龍》，對文學發展影響深遠。
535年	西魏文帝大統元年、梁武帝大同元年	蘇綽創立文案程式和會計、編戶籍的方法，均為後世所遵從。
544年	東魏孝靜帝武定二年、梁武帝大同十年	賈思勰寫成《齊民要術》，這是現存最早、最有系統的中國古代農業科學專著。
562年	北周武帝保定二年、陳文帝天嘉三年	皇甫謐著的《針灸甲乙經》傳入日本
574年	北周武帝建德三年、陳宣帝太建六年	北周武帝滅佛
589年	隋文帝開皇九年、陳後主禎明三年	隋滅陳統一全國